Inhalt

Vorwort

In Großbritannien und auch in anderen Ländern ist es seit langem üblich, bei der Ausbildung von Schauspielern mit Stegreifspielen zu arbeiten. Sie tragen dazu bei, die Vorstellungskraft, das Einfühlungsvermögen und die Beobachtungsgabe gezielt zu entwickeln. Auch im Grundschulbereich und in weiterführenden Schulen hat man derartige Spiele und ihre Techniken – z.T. in Form von Rollenspielen – bereits für den muttersprachlichen Unterricht genutzt. Außerdem sind sie zur Förderung des Sozialverhaltens von Kindern und Jugendlichen herangezogen worden.

In diesem Buch wird nun der Versuch unternommen, die bisher vorliegenden reichhaltigen Erfahrungen für den Fremd- und Zweitsprachenunterricht nutzbar zu machen. Natürlich ist nicht alles, was sich in Anlehnung an die Theaterarbeit beim Spiel und freien Sprechen im muttersprachlichen Raum ergibt, für die fremdsprachliche Lernsituation relevant oder auf sie übertragbar. Lehrerstudenten und Lehramtskandidaten haben in den vergangenen Jahren Techniken und Verfahren von Schauspielern übernommen und in mehreren europäischen Ländern erprobt. Die bei der unterrichtlichen Arbeit gesammelten Erfahrungen haben uns geholfen, weniger geeignete Formen auszusondern und uns voll auf das zu konzentrieren, was praktikabel ist. In Hinblick auf gängige Methoden erhebt sich die Frage, ob Fremdsprachenlernen ohne Einübung des echten, natürlichen und freien sprachlichen Ausdrucks überhaupt fruchtbar sein kann. Die hier beschriebenen Spielvorschläge befähigen den Lernenden zu selbstsicherer Natürlichkeit und Echtheit des Ausdrucks; zugleich stellen sie eine lebendige Art gezielten Sprachenlernens dar.

Ein besonderer Dank sei denen gesagt, die uns mit Anregungen, Hilfen und Ratschlägen unterstützt haben: John Allen, Direktor der *Central School of Speech & Drama,* London; Martin Banham, *Workshop Theatre,* Universität Leeds; Philip Berry, *Rose Bruford School of Drama;* John Hodgson, *Bretton Hall College of Education,* Wakefield; Michael Patterson, *Workshop Theatre,* Universität Leeds. Ferner danken wir Françoise Grellet für die Überlassung der Fotos.

Mit der deutschen Bearbeitung dieses Buches wird ein besonderes Anliegen verfolgt. Die fremdsprachendidaktische Diskussion hat sich – vor allem im deutschsprachigen Raum – in den letzten Jahren in zunehmendem Maße um die Präzisierung des Lernziels „kommunikative Kompetenz" bemüht, ohne daß es gelungen wäre, über unterschiedliche, z.T. widersprüchliche Ansätze und Realisierungsformen Einigung zu erzielen. Unbestritten ist lediglich das Ziel des Fremdsprachenunterrichts, sei er nun nach strukturalen Gesichtspunkten oder nach Sprechakten gegliedert: die Schüler sollen lernen, die neue Sprache – wie ihre Muttersprache – zum Ausdruck eigener Gedanken und Wünsche, persönlicher Vorstellungen und individueller Absichten zu verwenden; sie sollen befähigt werden, in der fremden Sprache *als sie selbst* zu sprechen. Eine solche Fähigkeit stellt sich nicht spontan und nur am Ende eines Lehrgangs ein; sie muß eingeübt, „durch-gespielt" und dabei entwickelt werden. Wir werden im folgenden zeigen, wie Übungsverfahren und Trainingstechniken aus der Welt des Theaters dazu einen Beitrag leisten können. Da sie nicht zum üblichen methodischen Repertoire des deutschen Fremdsprachenlehrers gehören, werden sie in dieser Veröffentlichung vorgestellt, und zwar in der Hoffnung, daß sie in möglichst vielen fremdsprachlichen Unterrichtsstunden in die Praxis umgesetzt werden. In Erweiterung der englischen Originalausgabe, die sich nur auf den Englischunterricht bezieht, werden hier auch Beispiele für den Französischunterricht und für den Bereich „Deutsch als Fremdsprache" gegeben.

Die Verfasser und der Bearbeiter hoffen, daß sich möglichst viele Fremdsprachenlehrer anleiten lassen, wie sie über die notwendige Imitation und Reproduktion von Sprachmustern hinaus auch den kreativen Sprachgebrauch ihrer Schüler im Unterricht fördern können. Dazu gehört etwas Mut zum Experiment, zu dem die Beispiele auf den folgenden Seiten anregen möchten.

Alan Maley
Alan Duff
Reinhold Freudenstein

6

Einführung

Gleich zu Beginn soll geklärt werden, was wir unter „Spielen" im Sprachunterricht verstehen. Es geht dabei um „dramatische Aktivitäten" – um Erscheinungsformen und Äußerungen, die dem Schüler Gelegenheit bieten, den Inhalt einer Fremdsprachenstunde als individuelle Persönlichkeit kreativ mitzugestalten. Derartige Aktivitäten haben mit der natürlichen Fähigkeit eines jeden Menschen zur Nachahmung, zur Mimik und zur Pantomime zu tun. Sie aktivieren außerdem seine Vorstellungskraft, sein Erinnerungsvermögen und seine Gabe, vergangene Erfahrungen, die sonst verborgen blieben, wieder neu zu beleben. Jeder Schüler bringt ein anderes Leben, eine andere Vergangenheit mit in den Unterricht. Wir möchten, daß er davon etwas einsetzen kann, wenn er mit seinen Mitschülern zusammenarbeitet. Dabei entfalten sich *dramatische* Vorgänge mit jener belebenden Spannung, die immer dann entsteht, wenn ein Mensch mit anderen Menschen unter Einbringung seiner ganzen Persönlichkeit gemeinsame Aufgaben zu lösen hat.

Zugleich soll deutlich werden, was wir *nicht* mit „Spielen" und „dramatischen Aktivitäten" meinen. Es geht uns nicht um Aufführungen vor einem passiven Publikum. Wir verstehen darunter nicht die steife „Dramatisierung" von Dialogen und kurzen Szenen, wie sie gelegentlich zur Unterbrechung des schulischen Alltags oder zur sprachlichen Schulung eingesetzt werden. Wir meinen auch nicht die bekannte „Transferphase", in der zuvor Gelerntes mehr oder weniger automatisch in andere Situationen übertragen wird – und sei sie auch noch so gut gelungen und von den Schülern mit viel Engagement gestaltet. Wörter, die für andere Menschen einmal bedeutsam waren, bleiben für den Sprecher, der sie mechanisch auswendig lernen muß, im allgemeinen wirkungslos. Noch ehe sie ausgesprochen sind, haben sie bereits ihre zwischenmenschliche Aussagekraft verloren – und das wollen wir nicht.

Ebenso möchten wir nicht, daß die dramatischen Aktivitäten von den Schülern als Teil der Vorbereitung auf eine spätere, endgültige und „richtige" Aufführung betrachtet werden. Ihr Wert liegt nicht darin, was sie einmal bewirken könnten, sondern in dem, was sie *sind,* was sie *hier und jetzt* hervorbringen. Bei dem, worüber wir hier sprechen, gibt es kein Publikum außer dem, das *teilnimmt.* Niemand schaut nur zu. Das schließt allerdings nicht aus, daß auch einmal eine Gruppe für eine andere oder vor der gesamten Klassengemeinschaft spielen kann, wenn es sich so ergibt oder gewünscht wird.

7

Dramatische Aktivitäten, so wie wir sie verstehen, sind – um Mißverständnissen vorzubeugen – kein Ersatz für die Couch des Psychoanalytikers. Sie sind kein Heilmittel zur psychischen Selbstbefreiung; Komplexe und Einbildungen lassen sich mit ihnen nicht kurieren. Sehr wohl aber stärken sie die Vorstellungskraft und das Durchhaltevermögen in Kommunikationssituationen – und das ist im Sprachunterricht sonst nur schwer zu erreichen. Es geht also um die Erreichung *pädagogischer* Ziele, und diese Aufgabe führt über die Grenzen der Vermittlung einer fremden Sprache als Unterrichtsgegenstand hinaus.

Über Sprache

Wir alle sind mit den üblichen Anfangsstadien beim Erlernen zumindest einer Fremdsprache wohl vertraut. Vielleicht bezweifeln wir gelegentlich – wenn auch nicht ganz sicher – den Sinn und Wert dessen, was wir da lernen; die Sprache mag uns wenig brauchbar oder sogar künstlich erscheinen, die Strukturen mögen uns umständlich vorkommen, der Wortschatz weit hergeholt. Trotzdem geben wir nicht auf und formulieren Sätze wie *Son chapeau est sur la chaise* oder *The pupils are opening their books* oder *Mein Bruder hat es mir gesagt* – und das alles in dem Glauben, daß wir von solchen Sätzen etwas lernen könnten, solange sie inhaltlich stimmig und grammatisch richtig sind.

Zwar hat sich im Fremdsprachenunterricht inzwischen vieles verändert, aber immer noch gilt, daß nahezu allen Lehrplänen und Richtlinien die Formel *Wortschatz + Grundstrukturen = Sprache* zugrundeliegt. Wer nach dieser Formel unterrichtet, berücksichtigt jedoch nur einen Gesichtspunkt: den formalen Aspekt von Sprache. Sprache ist aber nicht nur eine formale Angelegenheit. Kognitive Sprechleistungen werden von Emotionen mitbestimmt, aber gerade das gefühlsmäßige Element kommt in den Lehrmaterialien kaum zur Geltung.

Viele Fähigkeiten, die wir zum Sprechen einer – nicht nur fremden – Sprache benötigen, bleiben in traditionellen Lehrbüchern unberücksichtigt: die Anpassungsfähigkeit (d.h. die Fähigkeit, einen Menschen so anzusprechen, daß er einen versteht), die Reaktionsfähigkeit, der angemessene Ton, das Verständnis, Durchschauen und Vorausahnen von Redeabsichten – kurz: die sprachliche Angemessenheit.

Die Menschen, mit denen wir tagtäglich sprechen, sind keine ausdruckslosen Puppen mit Allerweltsnamen wie *Brown* oder *Müller,* die nur sagen, was jeder sowieso schon weiß, und deren Meinungen man weder zustimmen noch widersprechen kann. Die Menschen, denen wir begegnen, sind geschäftig, reizbar, sie haben Sorgen, sind aufgeregt, müde oder haben Kopfschmerzen; es juckt sie unter den Armen, sie haben Mundgeruch, eine feuchte Aussprache, sie sind voller Spitzfindigkeiten, haben bestimmte Manieren oder einen speziellen Tick, sie sprechen zu langsam oder zu schnell, wiederholen sich oder verlieren den Faden. Sie müssen nicht unbedingt interessant sein, aber sie sind gegenwärtig. Und wir sind es auch.

Um mit diesen Menschen sprechen zu können, müssen wir wissen, wer *sie* sind und wer *wir* sind. Wir müssen wissen, ob der Altersunterschied eine Rolle spielt, ob wir sie später wiedersehen werden, ob es einen Zweck hat, sie zu beeinflussen, ob sie einem helfen können oder Schwierigkeiten machen werden, usw. Es ist zwar wichtig, daß man einen Satz formulieren kann wie z.B. „ Hätten wir es ihnen nicht gesagt, dann wären sie nicht gekommen" – aber diese Wörter bedeuten einem so gut wie nichts, solange man nicht weiß, wer „sie" sind und in welchem Zusammenhang dieser Satz gesagt worden ist.

Mit dem Blick auf das Drama wird hier der Versuch unternommen, die Sprache wieder ein wenig mit jenem Gefühl anzureichern, das in Vergessenheit geraten ist – und auch den Körper zu beteiligen. Das heißt nun nicht, daß man plötzlich auf übertriebene Art agieren müßte; wohl aber ist damit gemeint, daß wir uns mehr um *Bedeutungen,* um *Inhalte* kümmern müssen.

Oft geht der Sprachunterricht von Strukturen oder von sogenannten Situationen aus, und man glaubt dann, wenn ein Satz erst einmal richtig formuliert worden sei, werde sich auch schon eine Verwendung für ihn finden lassen. Zuerst kommt die Form, dann der Inhalt. Ein solches Vorgehen kann zu falschen Schlüssen verleiten, ja sogar gefährlich sein, denn es gewöhnt den Sprachschüler daran, seine Sätze nur so zu bilden, daß sie in vorgegebene strukturelle Rahmen passen. Anders und anschaulich gesagt: der Sprachschüler handelt auf diese Weise wie ein Architekt, der ein Haus entwirft, ohne sich vorher das Grundstück angesehen zu haben, auf dem es einmal stehen soll. Von der Konstruktion her kann ein solcher Entwurf völlig in Ordnung sein, aber wenn das Haus auf fünf Stockwerke hin ausgelegt ist, eine Steinfassade hat und dann zwischen zwei Hochhäusern aus Stahl und Glas errichtet werden soll, wird der Architekt mit Sicherheit erhebliche Korrekturen vornehmen müssen. Jeder Satz hat natürlich, formal gesehen, eine abstrakte Bedeutung – eine propositionale oder Wörter-buch–Bedeutung; aber diese Bedeutung braucht mit der konkreten Verwendung eines Satzes absolut nichts zu tun zu haben.

Betrachten wir dazu einige Beispiele. Die häufig (und zu Recht) kritisierte Frage, die früher auf den ersten Seiten eines jeden fremdsprachlichen Lehrbuchs zu finden war, lautete: „Ist das ein Füllfederhalter?" Heute wird sie (hoffentlich) nicht mehr gestellt. Und warum nicht? Nicht weil sie sprachlich falsch, ohne

Inhalt oder zwecklos wäre, sondern weil sie unnötig und unangemessen ist. Man stelle sich einmal vor, man ginge im Ruhrgebiet auf einen Kumpel zu, nähme einen Füllfederhalter aus der Tasche und stellte ihm die Frage: „Ist das ein Füllfederhalter?" Oder man zeigte einem Hafenarbeiter in London einen Kugelschreiber und fragte: "Is this a biro?" Man muß schon einigermaßen Glück haben, wenn man dann ungeschoren davonkommt. Vermutlich erhält man zur Antwort: „Was soll'n das?" Und in London: "What the 'ell d'you take me for? Listen, mate if you're looking for trouble..."

In diesen Situationen ist die Frage nach dem Füllfederhalter oder nach dem Kugelschreiber nicht als eine Frage, sondern als eine *Provokation* aufgefaßt worden. Und das ist sie auch, denn es muß schon beleidigend wirken, wenn man einen erwachsenen Menschen nach etwas fragt, das eigentlich selbstverständlich ist. Nicht weniger provozierend – allerdings aus einem anderen Grund – dürfte es für einen Fremdsprachenschüler sein, wenn man ihn zwingt, sich der Prozedur zu unterziehen, alle möglichen sinnlosen Fragen beantworten zu müssen, nur weil er Probleme mit dem Wortschatz hat, die für den Kumpel im Ruhrgebiet und für den Hafenarbeiter in London nicht existieren. Es ist nicht die Frage an sich, mit der etwas nicht stimmt, sondern es liegt am *Grund,* warum sie gestellt worden ist. Denn strukturell gesehen besteht zwischen den folgenden Äußerungen kein ersichtlicher Unterschied:

Ist das ein Füllfederhalter?
Ist das ein Dolch, was ich vor mir erblicke? (Macbeth II, 1)

Is this a pen?
Is this a dagger which I see before me?

Der Unterschied ist nur gefühlsmäßig erfaßbar. Natürlich stellt auch Macbeth eine Frage, deren Antwort er bereits kennt; aber er stellt diese Frage dennoch, weil er nicht glauben will, was er sieht. Er hat darum einen guten Grund, genau das auszusprechen, was er sagt.

Die Struktur und die Bedeutung einer Aussage sind also zwei verschiedene Dinge, die man nicht miteinander verwechseln darf. Aufforderungen werden oft in der Befehlsform gegeben – aber nicht immer. Fragesätze enden oft mit einem Fragezeichen – aber nicht immer. Eine Handlung, die sich gerade im Verlauf befindet, kann im Englischen dadurch zum Ausdruck gebracht werden, daß dem Verb im Präsens –ing (Verlaufsform) angehängt wird – aber nicht immer. Der Inhalt einer Aussage ändert sich von Struktur zu Struktur auf höchst merkwürdige Weise. Nehmen wir z.B. eine so simple Aussage wie „Es ist acht Uhr". Dabei kann es sich – je nachdem – handeln um eine indirekte

Aufforderung („Stell' den Fernseher an"), um eine versteckte Warnung („Eil dich doch, sie werden gleich kommen"), um eine Form der Überredung („Glaubst du nicht, es sei Zeit zum Gehen?"), usw. In diesen Beispielen bezieht die Aussage „Es ist acht Uhr" ihren inhaltlichen Aussagewert von der Absicht des Sprechers und seiner Beziehung zu der Person, zu der er spricht. Lehrt man darum „Es ist acht Uhr" als eine Antwort – und zwar nur als Antwort – auf die Frage „Wieviel Uhr ist es?," dann engt man die Anwendungs– und Ausdrucksmöglichkeiten von Sprache unzulässig ein.

Niemand bestreitet, daß grammatisch richtige Strukturen unterrichtet werden müssen. Aber kann man sie nicht von Anfang an bedeutungsvoll, inhaltsbezogen darbieten? Ein typisches Beispiel dafür aus dem Englischunterricht ist das Einüben der Verlaufsform im Präsens *(present continuous tense)*. Das geschieht fast immer so: vor der Klasse führt der Lehrer bestimmte Handlungen aus (er öffnet z.B. ein Buch) oder er läßt sie ausführen (er läßt z.B. einen Schüler ein Fenster schließen); dazu stellt er dann Fragen wie *What am I doing? What's he/she doing?* und veranlaßt die Schüler, sie zu beantworten. Das folgende muttersprachliche Beispiel zeigt, warum bei derartigen Übungen das inhaltliche Interesse der Schüler schnell nachlassen muß:

Lehrer: *Peter, geh' zum Fenster.* (Peter geht zum Fenster) *Öffne das Fenster.* (Peter öffnet das Fenster) *Er öffnet das Fenster.* (zu Peter) *Was machst du?*

Peter: *Ich öffne das Fenster.*

Lehrer: *Richtig.* (zur Klasse) *Er öffnet das Fenster. Was macht er?*

Klasse: *Er öffnet das Fenster.*

Nach diesem Modell wird nun nacheinander beschrieben, wie Peter zu seinem Platz zurückgeht, wie er sich setzt, wie Helga zur Tür geht, wie sie die Tür öffnet, wie sie die Tür wieder zumacht, wie sie zu ihrem Platz zurückgeht, wie sie sich setzt, wie Jochen zur Tafel gerufen wird, wie er ein Stück Kreide in die Hand nimmt – und so geht das immer weiter, bis die entsprechende Unterrichtsphase abgeschlossen ist.

So etwas müssen Schüler langweilig finden, denn es ist nicht einzusehen, warum man etwas beschreiben soll, das alle, die zuhören, ohnehin gerade sehen. Mit einer nur leichten Akzentverschiebung können derartige Übungen jedoch interessant gestaltet und die Fragen zu inhaltsbezogenen Aufgabenstellungen umgewandelt werden: man braucht nur dafür zu sorgen, daß die Zuschauer nicht von vornherein wissen, *warum* bestimmte Handlungen ausgeführt werden. Wie das auf ganz einfache Weise pantomimisch gemacht werden kann,

11

veranschaulichen *Das gespielte Verb* (Seite 68) und *Der Empfangschef* (Seite 84). Die Schauspielerei kann wesentlich dazu beitragen, daß Sprache in einem angemessenen Kontext verwendet wird, wobei sich dieser Kontext durchaus nicht nur auf herkömmliche Klassenzimmersituationen zu beschränken braucht.

Wir wissen natürlich, daß auch dramatische Aktivitäten nicht „echt", nicht „wirklich" sein können, weil sie – ebenso wie alles andere, was im Klassenraum vor sich geht – den einschränkenden Bedingungen von Unterricht unterworfen sind. Dennoch unterscheiden sie sich von den gängigen Übungen und Verfahren, die den Schüler nur äußerlich berühren, weil sie ihm von außen aufgedrängt werden (und das oft, weil es dabei der Lehrer – nicht der Schüler – leichter hat). Dramatische Übungsformen hingegen können genau jene inneren Reserven aktivieren, die für den Sprachgebrauch außerhalb des Klassenraums entscheidend sind.

Über Situationen

Könnte es nun aber nicht sein, daß der „Kontext" dramatischer Übungsformen nichts anderes ist als das, was die Lehrbücher „Situation" nennen? Sicherlich nicht, denn hier soll keine altbekannte Sache lediglich in einem neuen Gewand vorgeführt werden. Die Situationen, die in Lehrbüchern dargeboten werden, berücksichtigen meist nur *einen* Aspekt des Kontextes – den äußeren Rahmen, den „Ort der Handlung". Steht er fest, dann werden ihm die „Personen der Handlung" locker zugeordnet, und sie dürfen in ihm ihre festliegenden „freien Dialoge" aufsagen. Und wo spielen diese Dialoge gewöhnlich? Hier ist eine Auswahl aus wahllos herausgegriffenen Lehrbüchern für den Anfangsunterricht (1. Lernjahr, Erwachsenenbildung):

Deutsch	Englisch	Französisch
Am Kiosk	At the hotel	Au café
Im Büro	At the pub	A la gare
Beim Arzt	At the ticket counter	A la banque
Im Restaurant	At the check-in desk	Au restaurant
Im Hotel	At the travel agent's	A l'hôtel de la plage
Im Kaufhaus	In London	Dans l'ascenseur

Hat man sich für den Ort der Handlung entschieden, werden *Herr Baumann, Mr Brown* und *M. Arnaud* mit ihren Familien in Position gebracht. Und wenn sie Aufstellung genommen haben, sprechen sie auf zweierlei Art und Weise: erstens *situativ* – dazu gehören Wörter, die in bestimmten Situationen für

12

unabdingbar erachtet werden, z.B. *ticket, porter* und *timetable* in der Situation *At the railway station*, *Zeitung, Postkarte* und *Zigaretten* in der Szene *Am Kiosk* oder *la carte, la pomme de terre* und *la serveuse,* wenn es um *Au restaurant* geht; zweitens sprechen sie *strukturell* – d.h. sie gebrauchen Ausdrucksformen, die nicht (wie der Wortschatz) inhaltlich mehr oder weniger eng an eine bestimmte Situation gebunden sind, sondern ihr zugeordnet werden. Darum wird in dem einen Englischlehrbuch die Situation *At the station* dazu benutzt, die Frageform mit *wh*–Wörtern einzuführen *(When does the train leave?)*, in einem anderen, um die Verlaufsform im Präsens zu veranschaulichen *(Look he's waving his flag!).* Genauso gut hätte man in ihr auch die besitzanzeigenden Fürwörter ansiedeln können, wie dies in Verbindung mit *A la gare* in einem Französischlehrbuch geschieht. In einem Deutschlehrbuch dient die Szene *Im Büro* im 1. Lernjahr zur Behandlung der Pronomen, im 2. Lernjahr zur Durchnahme von Komparativen. Die Zuordnung von bestimmten Strukturen zu bestimmten Situationen ist demnach also durchaus nicht zwingend.

Wenn es darum geht, den Schülern Vokabeln und Strukturen in einer Fremdsprache beizubringen, dann ist das beschriebene Vorgehen nicht besser oder schlechter als irgendein anderes methodisches Verfahren. Aber ist in diesem Fall die situative Aufbereitung in Dialogform nicht eigentlich überflüssig? Eine Wörterliste und einige Modellsätze würden völlig ausreichen – also genau das, was man in den meisten Handbüchern für Touristen finden kann. Diese Handbücher erfüllen einen ganz bestimmten (und oft sehr nützlichen) Zweck: sie bieten elementare sprachliche „Überlebenshilfen", mit denen man in wenigen speziellen Situationen gerade eben noch zurechtkommen kann – nicht mehr. Allerdings haben die meisten Touristen auch schmerzlich erfahren müssen, daß ein Ausdruck, den sie mit einiger Geläufigkeit vorzutragen gelernt hatten, nicht selten eine *Antwort* auslöste, der sie absolut nicht folgen konnten!

Kann man dieses Ungleichgewicht ausbalancieren, das zwischen einem relativ hohen Material- und Lehraufwand einerseits und seiner vernünftigen Verwendbarkeit durch die Schüler andererseits besteht? Sicherlich, wenn man die Schüler dazu bringen kann, sich mit der Sprache unter einem anderen Aspekt zu befassen: nämlich über Wörter hinaus zu *den Handlungen* vorzudringen, die sie aller Wahrscheinlichkeit nach sprachlich zu bewältigen haben und die ihren kommunikativen Interessen unmittelbar entsprechen, d. h. zu *Funktionen* wie Überreden, Zustimmen, Ablehnen. Um dazu in der Lage zu sein, müssen sie die Gesamtsituation überschauen können, und das bedingt wesentlich mehr, als nur den Handlungsraum zu kennen. Zur Gesamtsituation gehören nämlich außer dem Ort der Handlung zumindest auch das Rollenverhalten der Sprecher, ihre Gefühle und Haltungen sowie die gegenseitige Anerkennung der Gesprächspartner als Menschen, die über Lebenserfahrungen verfügen, die sie unausgesprochen voraussetzen, wenn sie miteinander umgehen.

Der Ort der Handlung

Hierbei handelt es sich um den äußeren Raum (z.B. das *Restaurant),* der die Sprachverwendung direkt beeinflussen kann – oder auch nicht, denn man spricht im Restaurant ja nicht *nur* über Messer, Gabeln und Speisen. Der äußere Rahmen für ein Gespräch ergibt sich oft rein zufällig; so kann z.B. ein Gebrauchtwagen in einem Aufzug verkauft, eine Brücke während einer Geburtstagsfeier entworfen werden. Natürlich gibt es auch den Fall, bei dem der Ort der Handlung das sprachliche Verhalten zentral bestimmt. So werden beim Zahnarzt mit Sicherheit die Zähne des Patienten zur Sprache kommen; wirklich wichtig ist aber nicht das Loch im Zahn, sondern der Zustand des Menschen, um dessen Zahn es geht. Ist er nervös, muß sein Selbstvertrauen gestärkt werden; ist er mißtrauisch, muß er vielleicht überzeugt werden, und ist er ungeduldig, muß man ihn möglicherweise beschwichtigen. Die Rolle des Zahnarztes kann sich in all diesen Fällen nicht auf die Grenzen des Wartezimmers und des Behandlungsstuhls beschränken.

Rollenverhalten

Wie das Beispiel des Zahnarztes zeigt, beeinflussen sich der Ort einer Handlung und die Rolle, die jemand in ihr spielt, wechselseitig. Es ist darum äußerst wichtig, den Schülern von der ersten Stunde an Gelegenheit zu geben, ein Gespür dafür zu entwickeln, wie sich mit Hilfe der Sprache die Einschätzung unserer eigenen Rollen und die der Rollen anderer beschreiben und damit erkennbar machen läßt. Im Laufe eines Tages wechseln unsere Rollen ständig. Einmal nehmen wir vielleicht die Stellung eines Vorgesetzten ein, treffen Entscheidungen oder geben Anordnungen; ein anderes Mal können wir uns in der Rolle eines Untergebenen befinden und müssen Entscheidungen akzeptieren, Anordnungen befolgen. Nehmen wir noch einmal den Zahnarzt als Beispiel: zur Sprechstundenhilfe könnte er sagen: „Machen Sie eine Röntgenaufnahme der unteren linken Seite!" – und einige Sekunden später zum Patienten: „Würden Sie bitte Ihren Kopf etwas weiter zurücklegen?" Beide Äußerungen sind Aufforderungen, Befehle; die unterschiedlichen Formulierungen werden vom Verhältnis des Zahnarztes zum Patienten und zur Sprechstundenhelferin bestimmt. Und die Arztrolle würde wiederum anders ausfallen, wenn der Patient z.B. ein achtjähriger Junge wäre. Zu ihm würde der Zahnarzt wahrscheinlich sagen: „So, nun komm mal her. Leg mal den Kopf zurück. So ist's gut."

Wenn wir ein solches Rollenverhalten wissentlich nicht beachten, muß unser Sprachunterricht bezugslos bleiben. Die bloße Tatsache, daß wir den Mund aufmachen und sprechen, setzt voraus, daß jemand zuhört. Dieser Zuhörer ist ein Mensch. Warum sollte man sich nicht auf ihn einstellen?

Stimmung, Haltung und Gefühle

Es gibt keine Situation, in der sich die Gefühle und Haltungen der Menschen nicht in ihrer Sprache niederschlagen würden. Das dabei oft praktizierte emotionelle Sprechen ist – aus verständlichen Gründen – schwierig zu unterrichten. Und doch ist es von Anfang an nötig, Ablehnung, Erstaunen, Begeisterung usw. zum Ausdruck bringen zu können. Es ist durchaus nicht leicht, mit „Gefühlen aus zweiter Hand" umzugehen, die aus den Texten und Dialogen der Lehrbücher stammen, und sie vermitteln den meisten Sprachschülern ohnehin nie mehr als nur ein paar neutrale Ausrufe wie *What a pity! How nice! C'est formidable! Mon Dieu! Es tut mir leid!* oder *Sehr schön!* Damit kann man das breite Spektrum menschlicher Gefühle sprachlich nicht abdecken.

Die Gefühlslage eines Menschen äußert sich oft – vor allem im Englischen und Französischen – durch die Intonation, und darum ist es wichtig, daß die Schüler lernen, die Stimmung eines Sprechers mit bestimmten Intonationsmustern zu verbinden. Im übrigen wird das, was wir sagen, nicht nur von unseren eigenen Gefühlen, sondern auch von den Stimmungen und dem Temperament unserer Gesprächspartner mitbestimmt. Dramatische Aktivitäten haben den großen Vorzug, die Gefühle des Sprachschülers direkt anzusprechen, und daraus entwickelt sich dann oft die Einsicht, daß es notwendig ist, diese Gefühle auch angemessen wiedergeben zu müssen.

Schließlich wird auch die Bedeutung der grammatischen Form einer Äußerung durch Stimmungen und Gefühle beeinflußt. So können z.B. *Très bien!* oder *Sehr gut!* eine sachliche Feststellung oder aber auch eine ironische Kommentierung („Hab' ich mir's doch gleich gedacht!") beinhalten – je nachdem, welche Stimmführung der Sprecher wählt. Ein so einfacher englischer Ausdruck wie *It doesn't matter* kann sowohl „Das macht nichts" *(never mind),* „Das ist egal" *(don't bother),* „Zu dumm!"*(too bad)* als auch „Machen Sie sich darüber keine Sorgen!" *(don't worry about it)* bedeuten – je nach Kontext und dem Nachdruck, den ein Sprecher dieser Äußerung verleiht. Im Abschnitt *Variationen über ein Thema* (Seite 107) werden hierzu praxisbezogene Übungsvorschläge gemacht.

Ein wesentliches Element einer jeden „echten" Lebenssituation sind das Wissen und die Erfahrung, die man mit anderen teilt. Man denke nur einmal an die Gespräche, die man im Laufe eines typischen Alltags führt. Fast alle gehen von unausgesprochenen Voraussetzungen aus, von unbewußten Vorurteilen oder von gemeinsamen Erfahrungen, die man nie anzusprechen braucht (auch dies illustriert die Übung *Variationen über ein Thema,* Seite 107). Weil das so ist, kommt uns die Sprache der Lehrbücher oft so künstlich vor. Vor allem in den ersten Lektionen wimmelt es von Ausdrücken wie *Mr Grey's house is big, His car is blue, The blue pencil is longer than the red one, C'est un bon vin, Il est plus grand que moi, Voilà Christine avec une robe blanche, Herr Weber liest die Zeitung, Das Haus ist neu,* usw. Alle diese Äußerungen sind möglich, aber jeweils nur in einem eng begrenzten Kontext: sie können als Beispiele für grammatische Formen dienen und als solche auswendig gelernt werden; sie besitzen aber keinen Aussagewert, weil sie Sachverhalte beschreiben, die – vor allem in Verbindung mit Bildern – unmittelbar einleuchtend und darum selbstverständlich sind. Für den Schüler ist es sehr schwer, das, was er mit solchen Sätzen gelernt hat, auf Situationen zu übertragen, in denen er sie sinnvollerweise verwenden kann.

Darum sei noch einmal wiederholt, was bereits gesagt worden ist: es ist nicht unbedingt das beste Verfahren, „einfache" grammatische Strukturen zu lehren, indem man sie zur Formulierung von Selbstverständlichkeiten heranzieht. Die Fremdsprache für Anfänger sollte genauso bedeutungsvoll und inhaltsbezogen sein wie die Sprache, die man mit fortgeschrittenen Schülern behandelt. Wenn also beiden Gesprächspartnern bekannt ist, daß *Mr Grey* ein großes Haus besitzt, daß *Christine* ein weißes Kleid trägt und daß *Herr Weber* die Zeitung liest, dann ist wirklich nicht einzusehen, warum man all das auch noch sagen muß. Die gemeinsame Erfahrung macht jegliche Bemerkung, die sich darauf bezieht, überflüssig.

In einer „Situation" sind alle Elemente, von denen wir in den vorangegangenen Abschnitten gesprochen haben, gegenwärtig, auch wenn eines dieser Elemente im Vordergrund stehen sollte. Eine Situation ist eine Ganzheit; wenn wir die sprachlichen Formen herauslösen und isoliert betrachten, stehen wir in der Gefahr, ihre Bedeutung zu entstellen oder ganz aus dem Auge zu verlieren. Dramatische Übungsformen können dazu beitragen, daß die Ganzheit wieder zu ihrem Recht kommt: indem der Verlauf des Lernprozesses umgekehrt wird, d.h. indem man mit den Inhalten beginnt und von dort zu den sprachlichen Formen vordringt.

Viele Leute zerbrechen sich den Kopf über das „Problem", wie man einen Sprachschüler dazu bringen kann, sich für die Sprache zu interessieren, die er lernt. Im Zusammenhang mit der Motivation taucht fast immer das Wort „Problem" auf; das ist bedauerlich, scheint aber die gängige Einschätzung dieses Themenbereichs richtig wiederzugeben. Auf sehr vielfältige Weise ist versucht worden, Interesse zu wecken – mit pädagogischen Tricks, aber auch mit der „Holzhammermethode". Einige Lehrer glauben, es sei am besten, wenn man die Schüler einfach nur das tun ließe, was sie am meisten interessiert[1]; sie werden aber oft enttäuscht und stellen dann resigniert fest: „Die Schüler interessieren sich für garnichts" oder „Ihre Interessen wechseln ständig!" Andere versuchen es dadurch, daß sie den Unterricht mit dem Lehrbuch aufgeben; aber auch sie machen die Erfahrung: „Die Schüler glauben dann, sie lernten überhaupt nichts mehr."

Sicherlich gibt es im Hinblick auf die Motivation keine Patentlösung, aber das „Problem" läßt sich bestimmt teilweise lösen, wenn man sich einmal ehrlich fragt, was die zwanzig oder dreißig Schüler eigentlich *gemeinsam* in ihrem Klassenraum unternehmen. Wenn die Kommunikation immer nur auf der Basis 1:30 verläuft, d.h. vom Lehrer zu den Schülern, dann wird eine große Zahl anderer Möglichkeiten vernachlässigt. Eine Frage, die der Lehrer *einem* Schüler stellt, interessiert direkt eigentlich immer nur zwei Personen in der Klasse, auch wenn sie indirekt ebenfalls für andere von Interesse sein könnte. Mit Hilfe dramatischer Übungsformen kann man alle dreißig Schüler ständig aktivieren, indem man die ungenutzten Möglichkeiten eines Klassenverbandes ausschöpft. Damit wird dem Lehrer durchaus keine Mehrbelastung zugemutet; im Gegenteil: seine Aufgabe, das Unmögliche zu erreichen, nämlich dreißig Schüler ununterbrochen und gleichzeitig zu beschäftigen, wird dadurch sogar erleichtert. Wenn man eine Klasse z.B. in fünf Gruppen zu je sechs Schülern aufteilt, braucht der Lehrer sich nur auf fünf (und nicht auf dreißig) Arbeitsvorgänge zu konzentrieren. Der Einwand, daß er bei dieser Art des Unterrichts nicht wissen könne, was in jeder einzelnen Gruppe geschehe, ist sicherlich ungerechtfertigt, denn beim Frontalunterricht befaßt er sich immer nur mit einem Schüler und kann auch nicht wissen, was in den Köpfen der anderen neunundzwanzig vor sich geht – es sei denn, er bombardiere alle Schüler ununterbrochen mit Fragen und halte sie auf diese Weise ständig in Schach. Wer aber leistet in diesem Fall die ganze Arbeit? Der Lehrer. Und was bringt er damit den Schülern bei?

[1] Vgl. hierzu F. Kaufmann: „Lernen in Freiheit – im Fremdsprachenunterricht", in: PRAXIS 3/1977, S. 227-236.

Dramatische Aktivitäten im Klassenraum vermitteln dem Lehrer nicht die trügerische Sicherheit, etwas geleistet zu haben, wenn er möglichst allen Schülern die gleiche Aufmerksamkeit hat zuteil werden lassen. Sie verpflichten ihn vielmehr, sich am Rande des Geschehens aufzuhalten und nicht, im Mittelpunkt stehen und alles zentral bestimmen zu müssen. Sie tragen außerdem dazu bei, das Mißtrauen und die Langeweile zu überwinden, die sich immer dann einstellen, wenn man sich die meiste Zeit passiv verhalten muß. Hier ist kein Raum für stereotype Antworten, gelenkte Diskussionen, vorgeplante Argumentationen oder „freie Konversationen", bei denen alle sprechen und keiner zuhört oder bei denen keiner spricht und der Lehrer verzweifelt versucht, die Schüler durch Fragen zum Sprechen zu bewegen. Wenn man dramatische Übungsformen einsetzt, braucht man sich um die Motivation in gewisser Weise eigentlich garnicht mehr zu kümmern, denn die Freude am Mitmachen entspringt einem einfallsreichen, *persönlichen* Beteiligtsein und nicht dem Glauben, die Anordnungen eines anderen erfolgreich durchgeführt zu haben.

Alle bisherigen Erfahrungen sprechen dafür, daß die dem Theater entlehnten Techniken und Verfahren ein äußerst wirksamer Motivationsfaktor sind. Earl Stevick[2] hat darauf hingewiesen, daß jeder Schüler das Gefühl der „Geborgenheit" und Sicherheit braucht, zu einer Gruppe zu gehören und von ihr angenommen worden zu sein, um etwas von seiner eigenen Persönlichkeit einbringen zu können, und auch, weil er auf diese Weise seine „Selbstachtung" stärken kann. Genau dies kann mit dramatischen Aktivitäten erreicht werden.

Wenn das Schauspielern – wie wir erfahren haben – motivierend wirkt, so liegt das vermutlich daran, daß jeder Schüler in der Klasse individuell angesprochen und gefordert wird; jede dramatische Übungsform führt – jeweils auf ihre Weise – immer wieder zu anderen, einmaligen Ergebnissen. Niemand kann vorher genau sagen, welche Gedanken, Ideen, Einfälle den Verlauf einer Handlung bestimmen werden. Darum machen dramatische Aktivitäten auch so viel Spaß. Natürlich müssen einige sprachliche Wendungen und Wörter, die man zur Durchführung bestimmter Spiele braucht, bekannt sein und darum zuvor eingeführt werden. Aber die Sprache macht nur einen Teil der Gesamthandlung aus. Der andere Teil besteht aus Vorstellungskraft, spontaner Kreativität und zufälligen Entdeckungen; sie ergeben sich, wenn Schüler zusammenarbeiten. Ein Beispiel dafür ist die offensichtlich streng gelenkte Übung *Der Empfangschef* (Seite 84), die den Schülern nur wenig Spielraum zum „Ausspielen" bietet, bei der aber dennoch jedesmal überraschende und unterhaltende neue Ideen hervorgebracht werden, die alle von der gleichen Aufgabenstellung ausgelöst werden: einem einzigen Satz auf einem Stück Papier.

[2] E. Stevick: *Memory, meaning and method.* Rowley, Mass.: Newbury House, 1976.

Wenn Schüler zusammenarbeiten, dann entwickeln sie ein Gespür dafür, wie sie ihren eigenen Beitrag am besten gestalten sollten und wie sie ihn ändern müssen, wenn sie mit anderen kooperieren wollen. Das Problem, nicht sprechen zu wollen oder – was noch öfter vorkommt – nicht zu wissen, was man sagen soll, existiert praktisch nicht, weil die Handlungssituation das Sprechen einfach notwendig werden läßt. Das kann man relativ einfach erklären: die Schüler sind nämlich *körperlich* involviert, so wie wir alle es sind, wenn wir sprechen; sie können also den Gesprächspartner wechseln und sich von einer Unterhaltung zurückziehen, wenn sie den Eindruck haben, daß sie ihnen nichts Neues mehr bietet, weil sie sich schon viel zu lange hinzieht. Ein anderer Grund ist die Tatsache, daß sie lernen, bei der Entwicklung ihrer Ideen aufeinander angewiesen zu sein; das bedingt, daß sie sehr viel miteinander sprechen müssen, wenn sie *diskutieren*, argumentieren, zustimmen und ablehnen, wenn sie ein Vorhaben organisatorisch vorbereiten und praktisch ausführen.

Es ist ganz interessant, einmal dem zuzuhören, was am Anfang der meisten szenischen Spiele gesagt wird. Für eine Weile dominieren zunächst die Anweisungen: *You'd better ..., I'll (lie on the ground) and you ..., You'll begin, alright?, Qui veut jouer le rôle du/de la ...?, Je propose ..., Du mußt jetzt ..., Warum machst du nicht ...?* usw. Sobald man sich über die äußeren Voraussetzungen zur Durchführung des Spiels geeinigt hat, tritt an die Stelle der *direktiven* Sprache die *Diskussion: Wouldn't it be better if ...?, I thought we were going to ..., That won't work, D'accord, C'est pas juste ça, Warum hast du ...?, Das geht so nicht!* usw. All das vermischt sich mit der Sprache, die für das Spiel selbst benötigt wird. Am Ende schließlich treffen wir auf die Sprache des *Kommentars*, wenn die Gruppen ihre Reaktionen auf eine Vorführung zu erklären versuchen: *Oh, we thought you were ..., Weren't you ...?, Why were you ...?, Tu crois que ..., Mais ça n'a pas d'importance, Ce n'est pas tout à fait exact, Das habe ich aber anders verstanden, Wer war denn (eigentlich) ...?* usw.

Ein solch lebendiger Gedankenaustausch ist nur sehr schwer in einer Unterrichtssituation zu erreichen, in der die Schüler einen Text oder ein Thema diskutierend behandeln sollen, während sie an ihren Plätzen sitzen müssen. Sicherlich stimmt es, daß die sprachlichen Äußerungen vieler dramatischer Aktivitäten (vom Lehrer) nicht überwacht werden können und daß das meiste von dem, was gesagt wird, immer nur von zwei oder drei Personen aufgenommen werden kann; aber dafür ist die gesamte Klasse fast ununterbrochen aktiv beschäftigt. Und außerdem sollte man bedenken, daß es sich bei den Wörtern, die für nur zwei oder drei Zuhörer „verschwendet" werden, vielleicht um die wertvollsten Aussagen überhaupt handeln könnte, denn jeder Sprachschüler braucht Zeiten, in denen er seine Kenntnisse übend anwenden kann, und zwar ohne Druck und ohne Angst vor möglichen Fehlern. Er muß von Zeit zu Zeit Gelegenheit erhalten, sprachliche Risiken eingehen zu dürfen, neue Wortkombinationen ausprobieren zu können und natürlich auch ausfindig zu machen, wo er Schwächen und Lücken hat. Dramatische Übungsformen geben ihm diese Gelegenheit; sie helfen ihm, den richtigen Weg zwischen Sprechflüssigkeit und Sprachrichtigkeit einzuschlagen.

„Betreten erlaubt"

Fremdsprachenlehrer benehmen sich manchmal wie Großgrundstücksbesitzer, errichten hohe Zäune um ihren Besitz und stellen Schilder mit der Aufschrift „Betreten verboten" auf. In weiterführenden Schulen wird die Fremdsprache zu einem Fach auf dem Stundenplan; sie wird wie ein Gegenstand und nicht wie eine Sprache unterrichtet. Von fächerübergreifender Zusammenarbeit mit anderen Fachlehrern, von gemeinsamer Unterrichtsplanung über die engen Grenzen der einzelnen Fächer hinaus oder von *team teaching* kann an den meisten Schulen – auch an Gesamtschulen – keine Rede sein.

Die Schauspielerei ist wie ein ungezogenes Kind, das auf hohe Zäune klettert und sich um Schilder mit der Aufschrift „Betreten verboten" nicht kümmert. Sie erlaubt es nicht, daß wir unseren Arbeitsbereich eng begrenzen; sie zwingt uns, vom *Leben,* nicht von der Sprache auszugehen. Und „Leben" umfaßt alle Fächer, ob sie nun auf dem Stundenplan stehen oder nicht. Die Schauspielerei hat mit Musik, Geschichte, Zeichnen, Mathematik, Skilaufen, Fotografieren, Kochen – kurz: mit allem zu tun. Sie kennt keine Fächergrenzen.

Der Fremdsprachenlehrer sollte diese Möglichkeiten nicht ungenutzt lassen, denn sie beleben seine Arbeit. Wenn die Schüler erst einmal entdeckt haben, daß ihr Unterricht weit mehr sein kann als die Beschäftigung mit der fremden Welt eines *Mr Brown,* eines *M. Dupont* und eines *Herrn Schmidt* und ihrer wachspuppenartigen Frauen und Kinder, dann löst sich das Problem der Motivation fast von selbst. Die Frage, wie man das Interesse der Schüler wecken und aufrechterhalten kann, wird immer seltener gestellt werden müssen. Und merkwürdigerweise braucht man für diese „andere Welt" durchaus keine aufwendigen Hilfsmittel oder teuren Medien. Man braucht nur einen Raum voller Menschen.

Einige praktische Überlegungen

Es wäre vermutlich schwierig und sicherlich auch unklug, wollte man versuchen, die gesamte Spracharbeit auf szenische Spiele zu konzentrieren. Ebenso unsinnig wäre es jedoch auch, im Fremdsprachenunterricht nur Lehrbucharbeit zu betreiben. Ein ausgewogener Lehrgang sollte so flexibel angelegt sein, daß in ihm unterschiedliche Lernverfahren zur Anwendung gelangen können.

Die meisten Lehrmodelle für den Fremdsprachenunterricht gehen bei der Unterrichtsplanung von drei Hauptphasen aus: von der Einführung neuen Sprachmaterials (Sprachdarbietung), vom Üben (Spracherarbeitung) und vom Transfer, d.h. der Übertragung des Gelernten auf andere Situationen (Sprachanwendung). Während der ersten Phase versucht man, den Unterrichtsstoff so zu erklären, daß er von allen verstanden werden kann. In der zweiten Phase wird das neue Sprachmaterial unter kontrollierten Bedingungen gelenkt geübt. Die dritte Phase soll den Schülern Gelegenheit geben, unter Verwendung der neuen Wörter und Strukturen mehr oder weniger frei zu sprechen. Szenische Spiele eignen sich zwar auch für die ersten beiden Phasen, aber erst in der dritten Phase kann ihr unterrichtlicher Wert voll zur Entfaltung kommen. Wählt man die dramatischen Aktivitäten entsprechend aus, kann man hier nicht nur bestimmte Wörter und Strukturen gezielt anwenden lassen; der Hauptvorteil besteht darin, daß man den Schülern die Möglichkeit bietet, sich vom gelenkten Ausdruck zu lösen und das freie Sprechen zu praktizieren – etwas zu sagen, das sie wirklich auch sagen wollen.

Ein alternatives Vorgehen bestünde darin, sich zunächst voll auf das Spielen zu konzentrieren und die kommunikativen Aspekte erst nachträglich, dann aber systematisch zu behandeln. Solange die Schüler jedoch mit den Spieltechniken noch nicht vertraut sind und man sie selber auch erst kennenlernen muß, ist es sicherlich ratsam, den ersten Weg zu wählen, d.h. zunächst die sprachlichen Mittel bereitzustellen und erst dann zum Spiel überzugehen.

Dramatische Aktivitäten im Fremdsprachenunterricht sind sowohl für die Schüler als auch für den Lehrer Neuland, und darum sollte man schrittweise zu ihnen hinführen. Am besten beginnt man mit einigen der ersten Beispiele aus Kapitel 1 *(Beobachten)*; sie sind sprachlich leicht zu bewältigen und stellen auch an die Darstellungskunst keine hohen Ansprüche. So kann z.B. das Spiel *Raumbetrachtung* (Seite 52) dazu dienen, ausgewählte Wörter (Gegenstände im

Klassenraum, Zahlen, Farben, Präpositionen) anzuwenden und, wenn man möchte, einfache Strukturen zu üben (*there's ...*, *il y a ...*, *Es ist/sind ...*, u.a.). Aber selbst auf diesem relativ niedrigen Anfängerniveau muß die Kenntnis weiterer Ausdrücke und Wendungen vorausgesetzt werden, wenn es wirklich zu einem echten Wechselgespräch kommen soll. Zu diesen sprachlichen Voraussetzungen haben wir einige Vorschläge zusammengestellt (vgl. Seite 32ff.), auf die man die Schüler immer wieder hinweisen sollte, ehe sie mit dem spielenden Üben beginnen.

Sobald es den Schülern nichts mehr ausmacht und sie sich daran gewöhnt haben, daß man sie auffordert, sich im Klassenraum *frei zu bewegen* und Kontakt mit anderen in ihrer Gruppe aufzunehmen, kann man zu anspruchsvolleren Aufgabenstellungen übergehen. Und allmählich lernt man dann auch abzuschätzen, wieviel Zeit die szenischen Spiele in Anspruch nehmen und wie oft man sie darum einsetzen kann.

Die Übungsvorschläge, die in diesem Buch gemacht werden, sind in drei Kapitel unterteilt: *Beobachten, Interpretieren* und *Handeln.* Innerhalb der einzelnen Kapitel ist versucht worden, sie mit ansteigendem Schwierigkeitsgrad anzuordnen, soweit es um die sprachlichen Anforderungen und um die erwarteten kreativen Leistungen geht.

Alle Übungen des ersten Kapitels stellen die Schüler vor die Aufgabe, ihre Umwelt und die Menschen, mit denen sie zusammentreffen, genau zu betrachten. Im Mittelpunkt steht also die Beobachtung, auch wenn sich zuweilen Überschneidungen mit dem zweiten Bereich – dem Interpretieren – ergeben.

Das zweite Kapitel enthält Übungsvorschläge, bei denen Einfallsreichtum und Vorstellungskraft stärker gefordert sind, denn fast immer haben die Schüler hier irgendein Problem zu lösen. Diese Schwierigkeit wird aber durch die echte Motivation, die sich dabei ergibt, mehr als wettgemacht.

Bei den Spielen der ersten beiden Kapitel kommen vor allem das gruppenspezifische Sprachverhalten und die Diskussion zum Zuge; bei den Übungen des dritten Kapitels verlagert sich der Schwerpunkt auf die Sprache der Interaktion und auf das sprachliche Handeln.

Die Anordnung der drei Kapitel und die Reihenfolge der Übungen in jedem Kapitel sind zugleich so gewählt worden, daß sich eine Progression von stark gelenkten bis hin zu freien, offenen Spieltypen ergibt. Am Anfang wird der Lehrer stärker aktiv beteiligt sein und eingreifen müssen, als es bei den fortgeschrittenen Übungen notwendig ist. Hier wird er sogar selbst erst lernen müssen, *nicht* zu unterbrechen und doch zugleich für den Fortgang der Handlung zu sorgen.

Sprachliche Vorbereitung

Dramatische Aktivitäten, die grundsätzlich schülerorientiert sind, setzen voraus, daß ein Grundinventar von allgemeinen Ausdrücken und Wendungen verfügbar ist, das für den gemeinsamen sprachlichen Umgang benötigt wird.

Bei der *gruppenspezifischen Sprache,* auf die man zurückgreifen muß, wenn man etwas gemeinsam mit anderen erarbeiten oder durchführen möchte, handelt es sich z.B. um:

Zeig mal, was du hast
Ich bin dran
Gib mal her
Was hat er gesagt?
Ich bin (das Verkehrszeichen) und du (der Fahrer)
Noch einmal (von vorn)

Show me what you've got
It's my turn
Give it to me
What did he say?
I'll be (the road-sign), you be (the motorist)
Let's start again

Montre-moi ce que tu as reçu
C'est à mon tour
Donne-le moi
Qu'est-ce qu'il a dit?
Je serai un ... et tu seras un ...
Recommençons

Wenn man sich über irgend etwas einigen oder auf einen bestimmten Vorgang noch einmal eingehen möchte, wenn man etwas beschreiben oder kommentieren will, dann verwendet man die Sprache des zweiten Funktionsbereichs: die der

Diskussion:

Es sieht so aus, als ob (er etwas in der Hand hält)
Sie könnte eine ... sein
Das glaube ich nicht

Das ist merkwürdig/komisch
Das gefällt mir (gar) nicht
Ja, sicher/natürlich
(Aber) nein (doch)
Ich/wir habe(n) geglaubt, ...
Wir haben das nicht verstanden (warum ...)

He looks as if (he's holding something)
She might be (a magician)
I don't think so
That's strange
I don't like that
Yes, of course
Oh no, perhaps not ...
We thougt it (might have been a tortoise)
We didn't understand (why you were sucking your thumb)

Il a l'air de (tenir quelque chose dans sa main)
C'est peut-être (un magicien)
Je ne crois pas ...
C'est étrange
Je n'aime pas ce ...
Oui, bien sûr
Oh non, peut-être que non
On pensait que ça aurait pu être (une torture)
On ne comprend pas pourquoi ...

Oberstes Ziel aller szenischen Spiele ist das *sprachliche Handeln,* vor allem dann, wenn die Schüler eine Rolle zu übernehmen haben. Ein solches *Sprachhandeln* kann man aber kaum gezielt vorbereiten, weil hier wirklich frei gesprochen wird und darum – je nachdem, worum es geht – alle möglichen sprachlichen Äußerungen angebracht sein können. Sie ließen sich nur mit einem unverhältnismäßig hohen Aufwand in verallgemeinerter Form darbieten und einüben.

Unser Vorschlag geht dahin, den Schülern vor allem die gruppenspezifischen Sprachäußerungen sowie einige Wendungen, die man zum Diskutieren braucht, schon sehr früh in einem fremdsprachlichen Lehrgang beizubringen. Wenn man sie nämlich nicht beherrscht, ist es kaum möglich, vernünftig miteinander umzugehen. Anders gesagt: es ist wesentlich sinnvoller und ertragreicher, die Schüler bereits zu Beginn eines Lehrgangs Aussagen lernen zu lassen wie *Ich bin dran, Let's do it over here* oder *C'est à moi,* als sie zu Äußerungen zu veranlassen, mit denen sie Selbstverständlichkeiten zu beschreiben haben, sonst aber kaum etwas anfangen können, etwa *Das ist eine Lampe, This is a book* oder *C'est une maison.*

Wir haben hier versucht, wenigstens *einige* Sprachäußerungen zu nennen, die beim szenischen Spielen bekannt sein müssen. Es ist sicherlich unmöglich, im voraus genau und vollständig festzulegen, was im einzelnen gesagt werden könnte; in der Regel wird man aber die Erfahrung machen, daß die Schüler meistens immer nur auf die Wendungen eines oder zweier sprachlicher Funktionsbereiche zurückgreifen, wenn sie ein Spiel durchführen. Die Einführung dieser sprachlichen Äußerungen bedarf keiner großen Vorbereitung; man kann sie in einem lockeren Unterrichtsgespräch in anderen Zusammenhängen problemlos einüben. Für das Spiel *Das verdeckte Tablett* (Seite 94) – im Englischen als *Kim's game* bekannt und beliebt – ist es z.B. notwendig, häufig *Zustimmung* und *Ablehnung* äußern zu müssen. Darauf kann man die Schüler vorbereiten, indem man sie richtige und falsche Aussagen über bekannte Tatsachen kommentieren läßt (*Die neue Schule ist schöner als die alte, Der Salat kostet . . ., Our town is 84 km by road from the capital, There are westerns on TV every day/night, Aujourd'hui nous sommes le 1er octobre,* usw.). Auf solche Aussagen werden die Schüler reagieren; sie werden sie bestätigen oder richtigstellen, je nachdem, wie sicher sie sich über die jeweiligen Antworten sind. Am Ende einer solchen kurzen Unterrichtsphase könnte man dann sechs bis zehn allgemeine Wendungen der Zustimmung und der Ablehnung an die Tafel schreiben und von den Schülern abschreiben lassen (*Das finde ich auch, Nein – niemals, I don't think so, Quite right, Ah oui! C'est vrai, Oh non!* usw.).

Einige Aufgabenstellungen müssen besonders sorgfältig vorbereitet werden. Wenn man z.B. weiß, daß von den Schülern verlangt wird, *Alternativvorschläge zu formulieren* (wie in *Das Bilderspiel,* Seite 113), dann müssen sie mit Ausdrücken vertraut sein wie:

Wäre es nicht besser, wenn ...?
Ich glaube aber, wir sollten ...
Versuchen wir doch mal ...
Warum machen wir/machst du es nicht so?

Wouldn't it be better if ...?
I think we should ...
Let's try ...
Why don't we/ doesn't he ...?

Ne serait-ce pas mieux si ...?
Je pense que nous devrions ...

Essayons ...
Pourquoi ne ... nous pas/ ... il pas?

Um die Schüler mit derartigen Äußerungen vertraut zu machen, könnte man sie zunächst einige *kommunikative*, d.h. *inhaltsbezogene* Übungen durchführen lassen. Ein Beispiel: man gibt den Schülern ein Bildblatt mit sechs einfachen Zeichnungen, die z.B. darstellen, wie ein Mann verzweifelt versucht, von einem Baum herunterzuklettern und dabei eine Leiter sieht, die – einige Meter entfernt – an einer Mauer lehnt, wie jemand unter der geöffneten Motorhaube seines Autos irgend etwas mit einem großen Hammer reparieren will, u.a. Dazu werden den Schülern verschiedene Möglichkeiten genannt, wie sie auf diese Bilder sprachlich reagieren können (*Wenn ich der Mann wäre, würde ich ...,* *Warum ruft er nicht um Hilfe? If I were him, I'd ..., Wouldn't it be easier with a* *spanner? Si j'étais à sa place, je ..., Pourquoi n'appelle-t-il pas au secours? Ne serait-* *ce pas plus simple avec un étau?*. Ähnliche Äußerungen können dann auch benutzt werden, wenn man im Unterricht dramatische Aktivitäten durchführt.

Man kann das notwendige Sprachmaterial natürlich auch während des Spielens einführen und sogleich anwenden lassen, vor allem in Verbindung mit den Rollenspielen, die in Kapitel 3 *(Handeln)* vorgeschlagen werden. Auf diese Weise kann man gerade bei freieren Spielformen dafür sorgen, daß die Sprachverwendung eng situationsbezogen erfolgt.

Der Raum

Die übliche Ausstattung eines traditionellen Klassenraums – hintereinander aufgestellte Stühle und Tische – ist für szenische Spiele so gut wie ungeeignet. Idealerweise sollten sich überhaupt keine Tische im Raum befinden, höchstens ein paar Stühle entlang den Wänden. Wenn man die Einrichtung eines Klassenzimmers nicht ändern kann, sollte man versuchen, einen anderen Raum zu bekommen; ist dies nicht möglich, so kann man die Schüler bitten, einem dabei behilflich zu sein, das Mobiliar aus dem Wege zu schaffen. Das wird einige Zeit dauern, aber diese Zeit ist sinnvoll investiert. Weiterhin ist zu bedenken, daß man für die verschiedenen dramatischen Aktivitäten unterschiedliche räumliche Voraussetzungen schaffen muß. Manchmal braucht man einen völlig leeren Raum, ein anderes Mal Stühle, die in einem Halbkreis aufgestellt sind, und dann wieder Stuhlgruppen.

Warum wird auf den „offenen Raum" so großer Wert gelegt? Unmittelbar einleuchtend ist zunächst einmal, daß man viel Platz braucht, wenn sich Menschen in einem Raum frei bewegen sollen. Außerdem ist es wichtig, daß man sehen kann, mit wem man spricht, daß man zu ihm hin- und von ihm weggehen kann, daß man ihn berühren und von ihm berührt werden kann. Denn wenn wir sprechen, dann sollten wir versuchen, wirklich zu kommunizieren (und nicht nur „Fragen beantworten"). Wie ist das aber möglich, wenn man immer nur die Hinterköpfe anderer Menschen sehen kann?

Von der Einrichtung eines Raumes gehen psychologische Wirkungen aus. Nicht wenige glauben, hintereinander aufgestellte Tisch- und Stuhlreihen repräsentierten Ordnung und Disziplin; für sie sind Stuhlgruppen oder Schüler, die auf dem Fußboden kauern, gleichbedeutend mit Unordnung und Disziplinlosigkeit. Das ist einer der wirklichen Gründe, warum viele Lehrer etwas gegen Gruppenarbeit haben. Sie bilden sich ein, daß sich die Schüler irgendwie ihrer Kontrolle entziehen könnten, und das halten sie – zumindest möglicherweise – für gefährlich. Derartige Begründungen werden in der Öffentlichkeit nicht gegeben; dort hört man vielmehr: „Die Gruppenarbeit nimmt zu viel Zeit in Anspruch." „Es gibt dabei zu viel Lärm." „Wie kann man dann noch Fehler korrigieren?" „Wie können die Schüler da Neues hinzulernen?" „Wie kann ich dann noch dafür sorgen, daß nur in der Fremdsprache gesprochen wird?"[3] Solche Einwände sind aber oft nichts anderes als der Ausdruck eines unguten Gefühls, das Lehrer haben, wenn sie die gewohnte Sitzordnung in der Klasse gefährdet sehen.

Die praktischen Schwierigkeiten, mit denen man bei einem ungezwungeneren, freieren Arbeiten ohne Zweifel rechnen muß, lassen sich jedoch erheblich vermindern, wenn man ein paar einfache Regeln befolgt:

○ Ehe man mit einem neuen Spiel beginnt, sollte man die Schüler bitten, es erst dann zu beurteilen, wenn es zu Ende gespielt ist.

○ Für jedes Spiel sollte man klare und eindeutige Anweisungen geben; jeder sollte genau wissen, mit welchem Partner er zusammenarbeitet, zu welcher Gruppe er gehört, was er zu tun hat.

○ Wenn man Materialien (wie Bilder, Realien) benötigt, sollte man dafür sorgen, daß sie auch zur Verfügung stehen.

○ Man sollte sehr genau auf die Spielzeit achten und der Versuchung widerstehen, ein Spiel allzu sehr in die Länge zu ziehen; der Rat, man sollte eine Mahlzeit immer mit Gefühl beenden, noch mehr essen zu können, gilt auch hier – es ist besser, eher zu früh als zu spät aufzuhören.

---

[3] Weitere Gründe hat W. Steinbrecht vorgetragen: „Ist Gruppenarbeit wirklich so überlegen?", in: PRAXIS 4/1978, S. 354f.

○ Man sollte sich über seine eigene Rolle im klaren sein und sich von vornherein Gedanken darüber machen, wie oft (wenn überhaupt) man eingreifen möchte.

Bei der Gruppenarbeit, der Partnerarbeit und der flexiblen Schülergruppierung kann man mit sehr vielen Vorteilen rechnen:

○ Das Schüler-Lehrer-Verhältnis verbessert sich, denn der Lehrer wird nicht mehr nur als die „Quelle aller Weisheit" betrachtet; es ist eher ein Ratgeber, kein Aufsichtsbeamter.

○ Die Schüler kommen öfter zum Sprechen, und ihre Unterhaltungen sind – soweit das möglich ist – „natürlich".

○ Die Schüler bestimmen ihren eigenen Lernprozeß mit.

○ Die Gruppe vermittelt jedem einzelnen ein Gefühl der Sicherheit – individuelle Begabungen kommen allen zugute, jeder kann einen Beitrag leisten, und sei er auch noch so bescheiden; schwächere Schüler entwickeln oft unerwartete Fähigkeiten, leistungsstärkere Schüler lassen andere an ihrem Wissen teilhaben und versuchen nicht mehr, ihre Mitschüler zu überbieten.

Die Hauptschwierigkeit, die den meisten Lehrern nicht einmal bewußt ist und überwunden werden muß, ist die Umwandlung eines Klassenzimmers von einem grundsätzlich lernfeindlichen in einen lernfreundlichen Raum, denn nur in ihm kann Lernen wirklich stattfinden. Für den Fremdsprachenlehrer ergibt sich hier ein besonders großes Problem: er muß *Kommunikation* in einer Sprache unterrichten, und doch ist er verpflichtet, in einem Klassenzimmer zu arbeiten. Die dramatischen Aktivitäten, die auf den folgenden Seiten beschrieben werden, helfen ihm dabei, dieses Problem zu lösen.

Die Spielzeit

Wenn ein szenisches Spiel gut läuft, dann ist man leicht geneigt, nicht mehr auf die Zeit zu achten und die Schüler immer weiterspielen zu lassen. Es ist jedoch ratsam, ein Spiel rechtzeitig – besser noch: vorzeitig – abzubrechen. Da wird man dann zwar zu hören bekommen: „Aber wir sind doch noch garnicht fertig!" – doch das sollte den Lehrer nicht stören. Der Unmut und die Spannung, die auf diese Weise erzeugt werden, tragen nicht selten dazu bei, daß die Schüler *darüber sprechen,* was sie nicht gemacht haben, aber hätten tun können, wäre es ihnen erlaubt gewesen. Auf diese Weise wird der Verlust an „Handlungs"-Sprache durch die sprachlichen Äußerungen einer spontanen Diskussion mehr als ausgeglichen.

28

Bei schwierigeren Aufgabenstellungen (vor allem denen in Kapitel 3, *Handeln*) muß man natürlich auch ausreichend Zeit für die freie Entfaltung einer Spielhandlung gewähren; in der Regel aber führt eine zu lange Spielzeit zu einer nachlassenden Beteiligung, und die Schüler verlieren auch das Interesse am Spielen überhaupt.

„Schwierige Kunden"

Es wird immer einen oder zwei Schüler geben, die nicht kooperationsbereit sind. Einige sind wirklich scheu, andere halten das Spielen für eine Zeitverschwendung und ziehen sich darum entweder völlig zurück oder aber drängen sich bewußt in den Vordergrund; dadurch wird die Arbeit der anderen gestört.

Es gibt keine Zauberformel dafür, wie man mit schwierigen Schülern – sowohl den „Stillen" als auch den „Angebern" – fertig werden kann. In der Regel dürfte es am besten sein. einfach weiterzumachen und ihnen keine besondere Beachtung zu schenken. Oft wird eine Gruppe auch selbst mit einem derartigen Problem fertig. Besonders die scheuen Schüler gewinnen Selbstvertrauen, sobald sie mit der Partner- oder Kleingruppenarbeit beginnen, vor allem dann, wenn man sie dabei ermutigt oder lobt. Diejenigen, die sich zunächst völlig zurückziehen, werden nicht selten von anderen in ihrer Gruppe zum Mitmachen überredet.

Ein solcher Gruppendruck wirkt oft auch bei Schülern, die sich über alles lustig machen oder die sich besonders aufspielen. Hilft auch dies nichts, könnte man versuchen, den Spieß einfach umzudrehen: alle in der Klasse werden aufgefordert, sich auf den Störenfried zu konzentrieren, während man ihm sagt: „Ach – das war sehr einfallsreich! Könntest du das nicht noch einmal für uns alle wiederholen?" In einer solchen Situation muß ein Schüler dann darüber nachdenken, was er getan hat und was er tun soll, und den meisten geht dabei auf, daß sie auf die Dauer ihr Verhalten besser ändern sollten.

Bei all dem darf man allerdings nicht vergessen, daß das Lernen weitgehend davon abhängt, wie ausgeglichen sich ein Schüler fühlt und wie stark seine Selbstachtung ausgeprägt ist. Man sollte die Schüler darum nicht zur Übernahme von Rollen zwingen, in denen sie sich äußerst unwohl fühlen müssen. Wenn man es ihnen selbst überläßt, werden die Gruppenmitglieder fast immer diejenigen Rollen richtig bestimmen oder wählen, die am besten zu ihnen passen.

Sollte es Zeiten geben, in denen man sich darüber Gedanken macht, warum ein oder zwei Schüler zur Mitarbeit absolut nicht bereit sind, dann darf man sich daran erinnern, daß es so etwas ja auch im herkömmlichen Unterricht gibt – nur: dort ist es einfacher, sich als Unbeteiligter zu verstecken.

Die Muttersprache

Es läßt sich nicht vermeiden, daß die Schüler zuweilen auf ihre Muttersprache zurückgreifen. Wenn wir uns für etwas begeistern, dann ist es ganz natürlich, daß wir dies in unserer Muttersprache zum Ausdruck bringen.

Wenn man damit beginnt, die Spiele und Übungen, die in diesem Buch beschrieben sind, in seiner Klasse auszuprobieren, dann sollte man spontane Reaktionen nicht dadurch unterdrücken, daß man kompromißlos darauf besteht, nur die Fremdsprache zu verwenden. Ein Spiel muß sich zunächst einmal entwickeln. Gelegentlich hilft es, wenn man die Schüler von einer Gruppe zu einer anderen schickt; auf diese Weise wird verhindert, daß sie sich allzu stark in muttersprachliche Konversationen verwickeln lassen. Man kann auch einen Schüler als „Berichterstatter" *(reporter, rapporteur)* von Gruppe zu Gruppe schicken und ihn darauf achten lassen, daß möglichst viel in der Fremdsprache gesprochen wird.

Im Laufe der Zeit werden sich die Schüler dann daran gewöhnen, die dramatischen Aktivitäten mit der fremden Sprache zu verbinden, und es wird ihnen immer leichter fallen, beim Spielen nur noch die Fremdsprache zu benutzen. Sie akzeptieren die fremde Sprache ja schließlich bei Strukturmuster- und Hörverstehensübungen – warum also nicht auch hier? Im übrigen wissen die Schüler, daß sie im Fremdsprachenunterricht eine fremde Sprache lernen; warum sollten sie darum in dieser Sprache nicht auch sprechen wollen? Die Entscheidung der Schüler *für* die Fremdsprache anstelle der Muttersprache hängt nicht zuletzt auch davon ab, inwieweit es dem Lehrer gelungen ist, ihnen dazu Mut zu machen und das Vertrauen in ihre fremdsprachlichen Möglichkeiten zu stärken.

Das Schüler-Lehrer-Verhältnis

Aus all dem, was bisher gesagt worden ist, geht eigentlich schon hervor, daß sich im Hinblick auf die gängige Praxis ein Wandel im Schüler-Lehrer-Verhältnis vollziehen muß, wenn man mit szenischen Spielen Erfolg haben will. Ohne eine entspannte Atmosphäre können sich keine dramatischen Aktivitäten entfalten. Eine veränderte Raumgestaltung spielt eine wichtige Rolle; wichtiger aber ist, die generelle – und vielleicht auch die eigene – Vorstellung über die Aufgaben des Lehrers im Klassenraum zu ändern. Der Lehrer ist nicht mehr allwissend und entscheidet nicht mehr allein darüber, was „richtig" und „falsch", „gut" und „schlecht" ist. Seine Hauptaufgabe besteht darin, Dinge in Gang zu setzen; er ist, wie die Franzosen sagen, ein *animateur*. Er muß dafür sorgen, daß die Schüler wissen, was sie tun sollen, und dann muß er sich so weit wie möglich vom Geschehen zurückziehen. Er muß Aufsicht führen, darf aber keine Anordnungen geben.

Es reizt natürlich dazu, eingreifen zu wollen, wenn man bemerkt, daß etwas „falsch" läuft oder ein leeres Schweigen um sich greift. In solchen Situationen muß man konsequent bleiben: Perioden des Schweigens sind notwendig und natürlich; ein übereiltes Eingreifen verhindert, daß man den Schülern die Möglichkeit zum Nachdenken gibt.

Wichtig ist auch, sich immer daran zu erinnern, daß man beim szenischen Spiel eigentlich niemals etwas *falsch* machen kann. Sicherlich werden grammatische Fehler vorkommen, aber mit ihnen sollte man sich in anderen Unterrichtsstunden befassen. Die Schüler müssen Gelegenheit erhalten, spontan zu reagieren und zu interagieren, und sie dürfen nicht das Gefühl haben, daß man sie bestraft, wenn sie etwas falsch machen. Sie können sich nur dann einem Geschehen voll hingeben, wenn sie dabei sagen können, was sie wollen. Wir dürfen nicht vergessen, daß man ja auch in seiner eigenen Sprache manches zwei- oder dreimal sagen muß, ehe es verstanden wird, und jedes Mal drückt man sich dann anders aus. Den Schülern geht es genauso. Man sollte ihnen Mut machen, aufeinander zu hören und die Ideen anderer kritisch zu betrachten; sie werden dabei schnell lernen, Wichtiges von Unwichtigem zu unterscheiden.

Wir wissen, daß es bei jeder Übung Probleme geben wird, vor allem hinsichtlich der organisatorischen Durchführung, des falschen Sprachgebrauchs und des fehlenden Ausdrucksvermögens. Darum werden zu jeder Übung detaillierte Durchführungshinweise gegeben.

Sprachliche Voraussetzungen

Aus den bisherigen Ausführungen ist bereits deutlich geworden, daß es durchaus möglich ist, zumindest einige der sprachlichen Wendungen, die von den Schülern für szenisches Spielen beherrscht werden müssen, im voraus zu kennen. Natürlich können wir nicht die genaue Formulierung eines Satzes vorhersagen, den ein Schüler vielleicht einmal verwenden wird. Aber wir wissen ziemlich genau, was er mit Hilfe der Sprache *tun* muß: nämlich Fakten beschreiben oder wiedergeben, Informationen einholen, Vorschläge machen, Zustimmung geben oder Ablehnung äußern, usw.

Bei der unterrichtspraktischen Arbeit mit szenischen Spielen haben wir festgestellt, daß es elf Sprechaktkategorien gibt, die immer wieder auftreten. Nicht alle sind für jede Übung notwendig, und in der Regel werden immer nur drei oder vier das sprachliche Geschehen beherrschen. Es sei darum empfohlen, bei der Vorbereitung einer bestimmten Übung die folgende Auflistung zu Rate zu ziehen, um die möglichen sprachlichen Voraussetzungen von vornherein zu kennen.

Vor der Durchführung eines neuen Spiels sollte man sich jeweils fragen:

○ Welche sprachlichen Wendungen müssen die Schüler kennen, um eine bestimmte dramatische Aktivität erfolgreich durchspielen zu können?

○ Welche Wendungen und Äußerungen werden sie vermutlich brauchen, um bestimmte Funktionen einer dramatischen Aktivität versprachlichen zu können?

Liste wichtiger Sprechaktkategorien und ihrer Redemittel

1 Über Fakten sprechen

a) Fakten beschreiben (berichten, klären; vgl. hierzu *Bilder,* Seite 91)

Da/auf dem Bild waren zwei Männer in einem Loch.
Das Loch war in einer Sackgasse.
Es war ein schöner Tag.
Einer hatte einen Hut auf.
Sie schauten umher/guckten herum.

There were two men in a hole.
The hole was in a dead-end street.
It was a sunny day.
One of them had a bowler hat on.
They were looking around.

Il y avait deux hommes dans un trou.
Le trou était dans une voie sans issue.
C'était une belle journée ensoleillée.
L'un d'eux portait un chapeau-melon.
Ils inspectaient les lieux.

b) Fakten behaupten (vergleichen, ordnen)

Der Knall/die Explosion kam nach dem Schrei.
Der/die erste war lauter.
Erst war es still, und dann ging die Flasche kaputt.

The explosion came after the shout.
The first one was louder.
There was a pause before the bottle was broken.

L'explosion fit suite aux cris.
Le premier était plus bruyant.
Il y eut une pause, puis la bouteille fut cassée.

c) Fakten (nachdrücklich) bestätigen (vgl. hierzu *Das verdeckte Tablett,* Seite 94)

Siehst du, es war doch braun!
Da sind gar keine Zeichen drauf!
Es war also doch zu!
Sie hatte also doch eine Kette um!

You see, it *was* brown.
There aren't any marks on it.
It hasn't been opened.
So, it *did* have a chain.

Tu vois, il était bien marron.
Il n'y a pas trace d'empreintes.
Elle n'a pas été ouverte.
Ainsi, elle portait vraiment une chaîne.

2 Informationen einholen

a) Allgemeines (vgl. hierzu *Das Bühnenbild*, Seite 83)

Bist du in einem Bus gewesen/gefahren?
Was hatte denn der freie Sitz zu bedeuten?
Warum hat sie sich immer zu dir herübergelehnt?
Hatte sich jemand im Schrank versteckt?

Were you on a bus?
What was that empty chair meant to be?
Why did she keep bending over you?
Was there someone hidden in the cupboard?

Etais-tu dans un bus?
A quoi devait servir la chaise vide?
Pourquoi est-elle restée penchée sur toi?
Est-ce que quelqu'un était caché dans l'armoire?

b) Rat und Hilfe (vgl. hierzu *Die Maschine*, Seite 121)

Was hat er gesagt?
Das verstehe ich nicht.
Kannst du mir mal mit diesem Stuhl hier helfen?
Wenn ich das halte, geht es sicher einfacher/besser.
Wie kann ich das denn ganz alleine aufheben/tragen?

What did he say?
I don't understand.
Can you help me with this chair?
Would it be better if I held it for you?
How can I lift it on my own?

Qu'est-ce qu'il a dit?
Je ne comprends pas.
Est-ce que tu peux m'aider en me tenant cette chaise?
Ne devrais-je pas plutôt te la tenir?
Comment est-ce que je vais arriver à la soulever tout seul?

c) Kommentar (vgl. hierzu *Das gespielte Verb*, Seite 68)

Wo habe ich (denn/deiner Meinung nach) gemogelt?
Was halte ich?
Warum bewege ich mich nicht?

Glaubst du, daß ich mir den Arm gebrochen habe?
Macht jemand mit?
Kann mich (denn) niemand verstehen?
Wie weit ist er weg?
Wenn ich will/wollte, kann/könnte ich mich dann bewegen?

Where do you think I'm lying?
What am I holding?
Why aren't I moving?
Do you think my arm's broken?
Is (there) anyone with me?
How far away is he?
Could I move if I wanted to?

Où crois-tu que je sois couché?
Qu'est-ce que je tiens?
Pourquoi je ne bouge pas?
Est-ce que tu crois que mon bras est cassé?
Est-ce qu'il y a quelqu'un avec moi?
A quelle distance se trouve-t-il d'ici?
Est-ce que je pourrais bouger si je le voulais?

d) Zustimmung (vgl. hierzu *Die Maschine*, Seite 121)

Ist das richtig/in Ordnung/okay?
So?
Kann/darf/soll ich dir helfen?
Soll ich es noch einmal machen?

Is this all right?
Like this?
Would you like me to hold it?
Do you want me to do it again?

Est-ce que c'est juste comme ça?
Comme ça?
Veux-tu que je le tienne?
Est-ce que tu veux que je recommence?

3 *Fragen stellen*

a) zur Beantwortung mit „Ja" oder „Nein" (vgl. hierzu *Wer bin ich? Wo bin ich?*
   Was mache ich? Seite 64)

Du hast Klebstoff an der Hand.
Ist es (vielleicht) Klebstoff, was du an der Hand hast?
Hast du Klebstoff an der Hand?
Fühlt es sich klebrig an?
Versuchst du, etwas aufzuheben?

You've got glue on your hands.
Is that glue you've got on your hands?
Have you got glue on your hands?
Does it feel sticky?
Are you trying to lift something?

Tu as de la colle sur les doigts.
C'est de la colle que tu as sur les doigts?
Est-ce que tu as de la colle sur les doigts?
Est-ce que ça colle?
Es-tu en train de soulever quelque chose?

b) zur Identifizierung (vgl. hierzu *Was habe ich an?* Seite 66)

Bist du ein Fußballspieler?
Arbeitest du in einer Fabrik?
Kannst du es (auch) zuhause tragen?
Ziehst du es bei der Arbeit an?

Are you an ice-hockey player?
Do you work in a factory?
Can you wear it at home?
Is this something you wear at work?

Est-ce que tu joues au hockey sur glace?
Est-ce que tu travailles dans une usine?
Est-ce que tu peux le porter, à la maison?
Est-ce que tu portes cela au travail?

c) zur Erklärung (vgl. hierzu *Was hast du erkannt?* Seite 67)

Warum hast du deine Uhr auf den Boden geworfen?
Was hat im Schwimmbad auf dem Wasser gelegen?
Wo hättest du sein sollen?

Why did you drop your watch on the floor?
What was the thing floating in the swimming pool?
Where were you supposed to be?

Pourquoi as-tu fait tomber ta montre par terre?
Qu'est-ce qui flottait sur l'eau de la piscine?
Où est-ce que tu étais censé être?

d) zur Bestätigung (vgl. hierzu *Der Empfangschef,* Seite 84)

Aha, du hast also keine Kopfschmerzen?
Aber du willst eine Tablette für jemand, der Kopfschmerzen hat?
Diese Person ist mit dir zusammen in einem Raum?
Sie fühlt sich nicht gut? – Es geht ihr nicht gut?
Hat sie zuviel getrunken?
Du willst also eine Tablette für deinen Mann, der einen Kater hat?
Es ist doch dein Mann?

So, you haven't got a headache?
But you want an aspirin for someone who has?
The person is in your room, isn't he?
He's feeling sick?
Because he had too much to drink?
Then you want me to give you an aspirin for your husband who's got a hangover?
It's your husband, isn't it?

Tu n'as donc pas mal à la tête?
Mais tu veux un cachet d'aspirine pour quelqu'un qui a mal à la tête?
Cette personne est dans ta chambre, n'est-ce pas?
Est-ce qu'elle est malade?
Est-ce qu'elle a trop bu?
Alors, tu veux un cachet d'aspirine pour ton mari qui a mal à la tête?
C'est ton mari, n'est-ce pas?

4 Sich rückversichern

(vgl. hierzu *Wer bin ich? Wo bin ich? Was mache ich?* Seite 64)

a) bei der Deutung eines Tatbestandes oder einer Handlung

Du hast also Tapeten angebracht/tapeziert?
Jemand hat angerufen?
Ich glaube, du hast gefrühstückt und ...
Du mußt die Rasierklinge aus Versehen liegengelassen haben ...
Ist es wirklich ein Sack Kartoffeln?
Hast du dich (vielleicht) am Kai angestellt?

You've been wallpapering, haven't you?
Somebody's phoned?
I think you were having breakfast and ...
You must have left the razor-blade there by mistake ...
It's a sack of potatoes, surely?
Couldn't you be queuing for the hovercraft?

Tu étais en train de tapisser, n'est-ce pas?
Est-ce que quelqu'un a téléphoné?
Je pensais que tu étais en train de prendre ton petit déjeuner et ...
Tu as dû laisser la lame de rasoir ici par mégarde ...
C'est un sac de pommes de terre, c'est sûr?
Est-ce que tu ne pourrais pas faire la queue pour ...

b) bei der Beantwortung von Fragen

positiv Richtig, jawohl.
Gut.
Völlig richtig.
Genau.
Ja, prima.
Natürlich.

That's right, yes.
Quite right.
Absolutely.
That's it.
Right.
Certainly.

C'est juste, oui.
Tout à fait exact.
Absolument.
C'est ça.
Exactement.
Bien sûr.

negativ Nein, bestimmt nicht.
Völlig falsch.
Aber nein!
Falsch.
Leider nein/ falsch.

38

No, definitely not.
Not at all.
Oh, no!
Wrong.
I'm afraid not.

Non, absolument pas.
Non, pas du tout.
Ah non!
C'est faux.
J'ai peur que non.

unklar, vage Ja, vielleicht.
In etwa.
Nicht ganz.
Könnte schon sein ...
Das kommt darauf an ...
Schon möglich.
Ungefähr.

Well, perhaps.
In a way.
Not really.
Could be.
It depends ...
It might (be) I suppose.
Sort of ...

Oui, peut-être.
Dans un certain sens.
Pas vraiment.
Ça se pourrait.
Ça dépend ...
C'est possible.
Un genre de ...

ermutigend Fast ...
Nicht ganz, aber ...
Ja, in etwa.
Ja ... ja ...
Und was noch?

Nicht schlecht!
Weiter so!

Almost ...
Not quite ... but ...
In a way/sense.
Yes ... yes ...
But what else?
Not bad. You're nearly there.
You're on the right track.

Presque ...
Pas vraiment ... mais ...
Dans un certain sens.
Oui ... oui ...
Mais encore?
Pas mal, tu y es presque.
Tu es sur la bonne voie!

5 Meinungen äußern (und belegen)

(vgl. zu den folgenden Beispielen *Bilder,* Seite 91)

Das sieht so aus, als erwarteten sie jeden Augenblick eine Explosion.
Das könnten Vogelfreunde sein.
Ich glaube, es ist ein Trickfoto.
Meiner Meinung nach haben die einen Schlüssel verloren.
Ich sehe das so: ...

It looks to me as if they're expecting an explosion.
I think they're bird watchers.
I have the impression it's a trick photograph.
What I think has happened is that they've lost the key.
I feel they must have a reason for being there.

On dirait qu'ils s'attendent à tout moment à une explosion.
Je pense que ce sont des spectateurs.
J'ai l'impression que c'est une photo truquée.
Ce que j'appréhendais est arrivé: ils ont perdu leur clé.
Quelque chose me dit qu'ils sont là pour une raison bien précise.

40

(vgl. zu den folgenden Beispielen *Töne und Geräusche 1,* Seite 118)

Das kann keine Kuhglocke gewesen sein, weil keine Kühe da sind.
Ich glaube nicht, daß es eine elektrische Säge war – das war zu ungleichmäßig.
Ich glaube nicht, daß es ein Pistolenschuß war, sonst hätten sie doch geschrieen.

It couldn't have been a cow-bell because there are no cows here.
I don't think it was an electric saw – it wasn't even enough.
I don't think it was a gunshot, otherwise they'd have shouted.

Ça ne pouvait pas être une cloche de vache, il n'y en a pas ici.
Je ne crois pas que c'était une scie électrique – ça ne faisait pas autant de bruit.
Je ne crois pas que c'était un coup de fusil, sinon ils auraient crié.

6 Gewißheit oder Ungewißheit ausdrücken

Es war blau. Da bin ich ganz sicher.
Es war mit Sicherheit nicht grün.
Ich weiß genau, daß es rot war.
Eines weiß ich ganz sicher: es war nicht rosa.
Es kann nicht aus Silber gewesen sein.
Es muß Gold gewesen sein.
Ich glaube nicht, daß es ein Kreis war.
Ich meine, mich an einen Riß erinnern zu können. – Ich meine, ich hätte ...
gesehen.

It was blue. I'm sure of that.
It definitely wasn't green.
I'm sure it was red.
I'm certain it wasn't pink.
It can't have been made of silver.
It must have been gold.
I don't think it was a circle.
I seem to remember a crack in it.

C'était bleu, j'en suis certain!
Ce n'était pas vert, absolument pas.
J'en suis sûr, c'était rouge.
Je suis persuadé que ce n'était pas rose.
Ça ne pouvait être en argent.
Ça devait être de l'or.
Je ne crois pas que c'était un cercle.
Il me semble me rappeler que c'était fêlé.

41

7 Vorschläge machen

(vgl. hierzu *Die Maschine,* Seite 121)

a) Etwas vorschlagen oder empfehlen

Laßt uns einen Kreis bilden/machen.
Warum stellen wir uns nicht in einer Reihe auf?
Wir könn(t)en noch ein Geräusch machen/hinzufügen.
Warum machen wir es nicht so?
Geht das nicht (etwas) schneller?
Am besten fangen wir noch einmal von vorn an.
Ich glaube, wir sollten die Plätze tauschen.
Ich schlage vor/empfehle, daß wir erst ... und dann ...

Let's form a circle.
Why don't we stand in a row?
We could try adding a noise.
How/what about moving like this.
Couldn't we do it faster?
Wouldn't it be a good idea to start again,
I think we should change places.
I suggest/propose doing the turning bit before the bending bit.

Faisons un cercle.
Pourquoi est-ce que nous ne nous mettons pas en rang?
Nous pourrions essayer d'introduire aussi un bruit.
Comment trouvez-vous ce mouvement?
Est-ce que nous ne pourrions pas le faire plus vite?
Est-ce que ce ne serait pas une bonne idée de recommencer?
Il me semble que nous devrions échanger les places.
Je propose de tourner avant de se pencher.

b) Vorschläge ablehnen und Einwände erheben

Nein.
Das ist schlecht/nicht gut.
Das können wir nicht machen.
Das finde ich aber gar nicht (so) gut.
Da bin ich nicht sicher.
Ich bin anderer Meinung.
Das können wir doch wirklich nicht machen!

42

Meinst du das wirklich?
Das glaubst du doch selbst nicht. – Soll das ein Witz sein?

No.
That's no good.
We can't do that.
I'm not so sure about that.
I don't think that's a very good idea.
I don't agree.
How can we possibly do that?
Are you serious?
You must be joking.

Non.
Ce n'est pas bien.
Nous ne pouvons pas faire cela.
Je ne suis pas sûr de cela.
Je ne pense pas que ce soit une bonne idée.
Je ne suis pas d'accord.
Comment pourrions nous faire cela?
Ce n'est pas sérieux?
Tu plaisantes!

c) Vorschläge annehmen und Empfehlungen folgen

Prima! – (Das ist eine) gute Idee!
Warum nicht?
Also gut, dann machen wir es so.
Gut! – Prima! – Einverstanden!
In Ordnung. Versuchen wir es (doch) einmal.

Good idea!
Why not!
All right then.
Fine.
O.K. I don't mind trying.

(C'est une) bonne idée!
Pourquoi pas?
Bon alors d'accord!
Chouette!
D'accord, je veux bien essayer.

8 Vorgänge und Handlungen kommentieren

(vgl. hierzu *Menschen und Plätze*, Seite 128)

a) neutral

> Das war sicher nicht schlecht.
> Nicht schlecht.
> Das war (schon) in Ordnung/ganz interessant.

> It wasn't bad (I suppose).
> Not bad.
> It was all right/O.K./interesting.

> Ce n'était pas mal (je suppose).
> Pas mal!
> C'était très bien/correct/intéressant.

b) zustimmend

> Hervorragend!
> Großartig!
> Prima!
> Das war gut/sehr gut (gespielt).
> Ich fand das Ende am besten.
> Mir hat besonders gut gefallen, wie sie gestürzt ist.

> Great!
> Marvellous!
> Well done!
> That was fine/very good/very well acted.
> I liked the end/the way you fell down.
> What I liked best was the way she looked so bored.

> Splendide!
> Magnifique!
> Excellent!
> C'était bien/très bien (joué).
> J'ai bien aimé la fin/ la façon dont tu es tombé.
> Ce que j'ai préféré, c'était son air ennuyé.

c) ablehnend

> Das war schrecklich/fürchterlich/überhaupt nicht gut.
> Ich fand das nicht sehr interessant.

44

Mir hat das überhaupt nicht gefallen.
Ich fand nicht gut, wie du ihn herumgestoßen hast.
Warum habt ihr das nicht lebendiger gemacht?
Hättest du dich nicht älter zurechtmachen können?
Ich verstehe nicht, warum sie nicht die Mutter gespielt hat.

That was awful/rotten/no good at all.
That wasn't very interesting (I'm afraid).
I didn't enjoy it at all.
I didn't like the way you pushed him.
Why didn't you put more life into it?
Couldn't you have looked older?
I can't understand why she didn't play the mother.

C'était affreux/raté/vraiment pas bon.
Je n'ai pas trouvé ça très intéressant.
Je n'ai pas aimé du tout.
Je n'ai pas aimé la façon dont tu l'as poussé.
Pourquoi n'y as-tu pas mis plus de vie?
N'aurais-tu pas pu avoir l'air plus vieux?
Je ne comprends pas pourquoi elle n'a pas joué la mère.

9 Sich selbst korrigieren und andere zum Überdenken einer Äußerung anregen

(vgl. hierzu *Spannung,* Seite 134)

a) Sich selbst korrigieren

Du bist in einem Bus – nein, nicht in einem Bus. In einem Taxi?
Vielleicht sitzt du in einem Theater. Nein, warte – vielleicht ist es ein Kino.
Vielleicht irre ich mich (auch). Könnte es ein Zug sein?
Nein, Moment (mal). Das kann kein Radio sein. Das muß eine Bombe sein!
Nein, ich meinte nicht eine Schreibkraft. Ich meinte eine Sekretärin.
Nein. Was ich eigentlich sagen wollte, war ...

You're in a bus – no, not a bus, a taxi?
Perhaps you are sitting in a theatre. Or wait a minute, perhaps it's a cinema.
Maybe I'm wrong. Maybe it's a train.
No, just a minute. It can't be a radio, it must be a bomb.
No, I didn't mean a typist, I meant a secretary.
No. What I wanted to say was ...

Tu es dans un bus – pas un bus, un taxi?

Tu es au théâtre. Ou bien, attends, peut-être au cinéma. Il se peut que je me trompe; c'est peut-être un train.
Ah, mais non! Ça ne peut pas être une radio, ça doit être une bombe.
Non, je ne voulais pas dire une dactylo, je voulais dire une secrétaire.
Non, ce que je voulais dire c'est ...

b) Andere zum Nachdenken über eine Äußerung anregen

Bist du (ganz) sicher?
(Wirklich) ein Radio?
Und du weißt bestimmt, daß er ein Spieler ist?
Aber doch nicht ärgerlich?
Aber was denn sonst?
Ja, in etwa.
Mehr oder weniger – ja.
Sagen wir mal: so etwas Ähnliches wie ...

Are you sure?
A radio?
You're sure he's a gambler, are you?
Not angry exactly.
But what else?
Well, sort of.
In a way, yes.
Well, a kind of an expert.

Tu en es sûr?
Une radio?
Tu es sûr que c'est un joueur, n'est-ce pas?
Pas vraiment en colère.
Mais quoi, alors?
Oui, en quelque sorte.
Dans un sens oui.
Oui, un genre d'expert.

10 Anweisungen geben

(vgl. hierzu *Das unerwartete Ende,* Seite 138)

(So) du bist (jetzt) der Kellner/Ober.
Steh da nicht herum, setz dich.
Ich möchte (gern), daß du so tust, als hättest du es nicht bemerkt.

Jetzt paß mal auf – ihr macht jetzt Folgendes: ...
Du sollst sie nicht ansehen, sondern von ihr wegschauen.
Wenn sie hinausgeht, setzt er sich hin. Klar?
Laßt uns das noch einmal versuchen.
Warum spielt er nicht den Kellner/Ober?

(Now) you be the waiter.
Don't stand there, sit down.
I want you to pretend you haven't noticed.
Here's what I want you to do.
What I'd like you to do is to look away from her.
Now while she goes out, he sits down. O.K.?
Let's try it once again.
Why doesn't he play the waiter?

(Maintenant) tu es le garçon.
Ne reste pas debout, assieds-toi!
Je veux que tu fasses semblant de ne pas l'avoir vu.
Voilà ce que je veux que tu fasses.
J'aimerais que tu ne regardes pas par ici.
Alors, pendant qu'elle sort, il s'assied.
Essayons encore une fois!
Pourquoi est-ce qu'il ne joue pas le garçon?

11 *Zustimmung und Ablehnung zum Ausdruck bringen*

(vgl. hierzu *Bilder, Geräusche, Zeitungen*, Seite 125)

a) Zustimmung ausdrücken

enthusiastisch Hervorragend!
Prima.
Ganz meiner Meinung.
(Das ist so) in Ordnung.
Großartig!

Good idea!
Fine
I quite agree.
O.K. then.
Great!

Bonne idée!
Chouette!
Je suis tout à fait d'accord.
Alors, d'accord.
Magnifique!

zurückhaltend (Das) ist mir egal.
Naja, gut.
Wenn du willst.
Ich glaube schon.

I don't mind.
All right then.
If you like.
I suppose so.

Cela m'est égal.
Bon, entendu.
Si tu veux.
C'est probable/Probablement.

b) Ablehnung ausdrücken

Nein.
Unmöglich.
Das finde ich nicht.
Das können wir nicht machen.
Mit Sicherheit nicht!
Da bin ich nicht so sicher.
Glaubst du das wirklich?
Davon verstehe ich nichts.
Das ist keine gute Idee. – Na, ich weiß nicht.
Kannst du dir nicht etwas Besseres ausdenken?

No.
Impossible.
I disagree.
We can't do that.
Definitely not.
I'm not too sure/so happy about that.
Do you really think so?

48

That's not a very good idea.
Can't you think of anything better?

Non.
Impossible!
Je ne suis pas d'accord.
Nous ne pouvons pas faire cela.
Non, en aucun cas.
Je n'en suis pas si sûr.
Vraiment, tu crois?
Je n'en sais rien.
Ce n'est pas une très bonne idée.
Ne pourrais-tu pas trouver quelque chose de mieux?

c) Zustimmung suchen

Sind alle einverstanden?
Alles klar?
In Ordnung?
Ist euch das recht (so)?
Gut, sollen wir dann einen Spaten nehmen?
Wer ist dafür?
Hat keiner was dagegen, wenn wir ...?

Does everyone agree?
All right then?
O.K.?
Is that all right then?
Well, shall we choose a spade then?
How many of you agree?
Is everyone happy about the idea of a waiter?

Est-ce que tout le monde est d'accord?
Ça va, alors?
D'accord?
Pas de problème, alors?
Bon alors, est-ce que nous devons utiliser une bêche?
Qui est d'accord, parmi vous?
Est-ce que l'idée d'un serveur plaît à tout le monde?

Abschließend sei noch einmal darauf hingewiesen, daß die voranstehenden
Ausdrücke, Wendungen und Sätze lediglich Beispielcharakter haben; sie dienen

nur zum besseren Verständnis der elf Sprechaktkategorien, die bei szenischen Spielen erfahrungsgemäß immer wieder auftreten. Es ist also nicht daran gedacht, die Beispielsätze etwa auswendig lernen zu lassen. Sie sind vielmehr als Orientierungshilfen für den Lehrer gedacht, der in jeder aktuellen Spielsituation selbst entscheiden muß, welche Wendungen und Ausdrücke notwendig sind, um ein bestimmtes Spiel erfolgreich durchführen zu können. Dabei sind selbstverständlich die Vorkenntnisse und der jeweilige Leistungsstand der Sprachschüler zu berücksichtigen.

Spielvorschläge

1 Beobachten

1.1 Raumbetrachtung

Durchführung

Zunächst räumt man alles Mobiliar aus dem Weg. Dann fordert man die Schüler auf, im Klassenzimmer herumzugehen und sich alles genau anzusehen. Dies sollte nicht länger als etwa zwei Minuten dauern. Danach sagt man den Schülern, sie sollten jetzt die Augen schließen. Anschließend bittet man sie, sich einige Fragen anzuhören; diese Fragen sollen aber zunächst noch nicht (laut) beantwortet werden. Insgesamt sollten fünf oder sechs Fragen der folgenden Art gestellt werden:

Wie viele Fenster/Türen/Lampen sind in diesem Raum/Zimmer?
Welche Farbe haben die Vorhänge?
Gibt es an der hinteren Wand eine Steckdose/einen Lichtschalter?
Wo ist/steht der Papierkorb?
Steht etwas an der Tafel?
Ist ein Fenster offen?

How many windows/doors/lights are there?
What colour are the curtains?
Is there a plug/light-switch on the back wall?
Where is the waste-paper basket?
Is there anything written on the blackboard?
Are any of the windows open?

Combien y a-t-il de fenêtres/portes dans cette pièce?
De quelle couleur sont les rideaux?
Est-ce qu'il y a une prise de courant au mur du fond?
Où est la corbeille à papier?
Est-ce qu'il y a quelque chose d'écrit au tableau?
Est-ce qu'il y a des fenêtres ouvertes?

Auf eine Aufforderung des Lehrers hin sollten die Schüler dann die Augen wieder öffnen und ihre Antworten mit denen desjenigen Mitschülers vergleichen, der neben ihnen steht. Dabei werden sie gewöhnlich spontan bekennen, woran sie sich richtig erinnern und was sie falsch beantwortet haben.

52

Möglicherweise wird es nötig sein, daß der Lehrer sich unter die Schüler mischt, um sich zu vergewissern, daß auch wirklich alle Fragen zur Sprache kommen.

Anmerkungen

Bei dieser Übung handelt es sich um ein einfaches Spiel, das den Zweck verfolgt, die Schüler darauf aufmerksam zu machen, wie interessant selbst bekannte Gegenstände werden können, wenn man sie nicht sieht. Sprachlich wird von den Schülern nicht viel erwartet: lediglich ein paar einfache Antwortstrukturen, einige Farbbezeichnungen, die Kenntnis der Zahlen (von 1 bis 10) sowie möglicherweise einige Äußerungen, mit denen sie ihre Antworten kommentieren können (vgl. hierzu Sprechaktkategorie 11, Seite 47).

1.2 Partnerbeschreibung

Durchführung

Man fordert die Schüler auf, im Klassenraum herumzugehen, sich dabei gegenseitig genau zu betrachten und sich so viele Einzelheiten wie möglich über das Aussehen der Mitschüler zu merken. Auf ein Zeichen hin bleiben die Schüler stehen und stellen sich Rücken an Rücken mit demjenigen Partner auf, der sich gerade neben ihnen befindet. Dann beschreibt jeweils einer der beiden Partner das Aussehen des anderen; dabei dürfen sie sich natürlich nicht umdrehen.

Während der Beschreibung sollten die Schüler die Aussagen ihres Partner weder bestätigen noch korrigieren. Sie können jedoch versuchen, durch weiterführende Fragen genauere Angaben zu erhalten, z.B.:

A: Du hast einen blauen Pulli an.
B: Dunkelblau oder hellblau?

A: Du hast eine Armbanduhr.
B: Woraus ist das Armband gemacht?

A: You're wearing a blue sweater.
B: Dark blue or light blue?

A: You've got a watch.
B: What's the strap made of?

A: Tu portes un pull(over) bleu.
B: Bleu foncé ou bleu clair?

A: Tu as une montre.
B: En quoi est le bracelet?

Nachdem sie sich gegenseitig beschrieben haben, drehen sich die Schüler um und vergleichen ihre Aussagen mit dem tatsächlichen Aussehen ihres Partners.

Anmerkungen

Bei diesem Spiel handelt es sich um die einfache Umkehrung eines gängigen fremdsprachlichen Übungsvorgangs in eine für die Schüler ungewöhnliche und darum reizvolle Aufgabenstellung. Würde man sie dazu auffordern, sich gegenseitig anzuschauen und dabei zu beschreiben, müßte das sehr rasch langweilig werden. Hier hingegen wird eine gewisse Spannung erzeugt, die bis zum Augenblick der „Erkenntnis" anhält – dann nämlich, wenn die Partner sich umdrehen. Jetzt löst sich die Spannung plötzlich auf, und mit ihr entfallen auch die sprachlichen Anforderungen. Genau das soll erreicht werden.

Bei der Durchführung dieses Spiels wird man feststellen, daß die Schüler ihre zuvor gemachten Aussagen spontan kommentieren werden. Die Unmittelbarkeit einer derartigen Reaktion ist auf andere Weise – etwa durch das Nachsprechen von Dialogrollen – nur sehr schwer zu erreichen.

Spielvariante

Eine Variante dieser Übung läßt sich in Anlehnung an das Spiel *Raumbetrachtung* (Seite 52) durchführen. Dabei werden die Fragen nicht vom Lehrer gestellt, sondern von jeweils einem Partner eines jeden Schülerpaares; derjenige, der die Fragen stellt, braucht seine Augen nicht zu schließen. Nachdem die Fragen gestellt worden sind, öffnet der andere Schüler seine Augen, und nun können die Antworten gemeinsam diskutiert werden. Nach zwei Minuten müssen dann diejenigen, die im ersten Durchgang die Fragen gestellt haben, ihre Augen schließen. Sie bekommen jetzt die Aufgabe, den Partner zu beschreiben, der zuvor die Fragen zur Raumausstattung beantwortet hat. Eine solche Aufgabenstellung erwarten die meisten in der Regel nicht, und es wird ihnen (zu spät!) bewußt, daß sie sich eigentlich viel zu wenig um die Person ihres Partners gekümmert haben, während sie darüber nachdachten, welche Fragen sie ihm stellen sollten.

Diese Übung ist so etwas wie eine Schocktherapie. Man sollte sie darum nicht öfter als zwei- oder dreimal pro Jahr durchführen. Dennoch dürfte sie eine gute und unterhaltsame Vorbereitung auf ähnliche Übungen sein, bei denen es darauf ankommt, zunächst etwas zu beobachten und danach das Ergebnis zu kommentieren.

1.3 Ich höre was – hörst du es auch?

Durchführung

Man fordert die Schüler auf, ihre Augen zu schließen. Sie sollen sich darauf konzentrieren, welche Geräusche sie im Klassenzimmer selbst und außerhalb des Raumes hören. Dazu läßt man ihnen ein paar Minuten Zeit. Dann dürfen sie die Augen wieder öffnen, und man läßt sie stichwortartig alles aufschreiben, was sie gehört haben. Wenn die Klasse nicht zu groß ist, kann man jeden einzelnen Schüler darum bitten, eines der aufgeschriebenen Geräusche anzugeben. Zunächst sollte dieses Geräusch nur benannt und nicht weiter kommentiert werden. Jetzt kann man die anderen fragen, ob sie dieses Geräusch ebenfalls gehört haben, oder man kann auf Einzelheiten eingehen, z.B. in welcher Entfernung es aufgetreten ist, ob es durchgehend oder nur zeitweise zu hören war, wie lange es anhielt und wer es verursacht haben könnte.

Einen solchen Durchgang sollte man für mehrere Geräusche wiederholen; dann werden schnell die anderen, noch nicht behandelten Geräusche genannt. Es ist nicht nötig, auch auf sie im einzelnen einzugehen, es sei denn, daß es sich spontan ergibt. In größeren Klassen bietet es sich an, die Fragen in Gruppen von jeweils drei Schülern beantworten zu lassen.

Anmerkungen

Wie bei der *Raumbetrachtung* (Seite 52) geht es auch hier darum, sich mit Bekanntem auf ungewöhnliche Art und Weise zu beschäftigen. Allerdings ist ein wichtiger Unterschied zu beachten: das Vorhandensein von Gegenständen in einem Raum kann man überprüfen, Geräusche hingegen sind nicht immer eindeutig zu bestimmen. In diesem Zusammenhang sei darauf hingewiesen, daß die Schüler ihre Behauptungen relativ häufig aus Annahmen ableiten, die sich nur aus der Kenntnis der lokalen Gegebenheiten erklären lassen, z.B. „Ich habe im Nebenzimmer eine Schreibmaschine gehört" (weil sie wissen, daß sich dort das Geschäftszimmer befindet) oder „Ich habe ein Auto gehört, das zur Hauptstraße fuhr" (weil sie wissen, daß es sich bei der Straße vor der Schule um eine Einbahnstraße handelt).

Zu ähnlichen Spielmöglichkeiten mit Tonbandaufzeichnungen von Geräuschen vgl. *Töne und Geräusche 1* (Seite 118).

1.4 Die Zuhörer

Durchführung

Die Klasse wird in nicht mehr als fünf oder sechs Gruppen aufgeteilt. Jede Gruppe erhält den Auftrag, sich auf ein bestimmtes (einfaches oder weniger leicht erkennbares) Geräusch festzulegen. Innerhalb von fünf Minuten bereitet jede Gruppe eine Pantomime vor, die möglichst eindeutig zum Ausdruck bringen soll, was die Darsteller hören: als Publikum während eines Konzerts, als Studenten während einer Vorlesung, als Besucher einer Fabrik, usw. Anschließend führen die Gruppen nacheinander ihre Szenen vor. Die Zuschauer versuchen herauszufinden, auf welches Geräusch ihre Klassenkameraden jeweils hören; dabei dürfen Fragen gestellt werden.

Anmerkungen

Hier kommt zum ersten Mal die Aufgabe ins Spiel, sprachliche Inhalte durch Gesten, Gebärden und spielerisches Handeln wiederzugeben. Dabei müssen die Schüler ihre Darbietungen erstmals auch gegenseitig bewerten. Die Übung bietet deshalb eine besonders gute Gelegenheit, diejenigen Ausdrücke und Wendungen einzuüben, die man braucht, um Vorschläge machen, etwas kommentieren und Gewißheit oder Ungewißheit äußern zu können. Diese sprachlichen Voraussetzungen müssen selbstverständlich bekannt und vorgeübt sein, ehe man das Spiel durchführt. Vgl. dazu die Sprechaktkategorien 6, 7 und 8 (Seite 41-45).

1.5 Das Atemspiel

Durchführung

Man fordert die Schüler auf, sich Situationen vorzustellen, in denen sie ihren körperlichen und gefühlsmäßigen Zustand in der Regel nicht mit Wörtern beschreiben, sondern durch eine besondere Art des Atmens zum Ausdruck bringen. Falls notwendig, kann man sie daran erinnern, wie unterschiedlich man atmet, wenn

○ man in einem Treppenhaus gerade mehrere Stockwerke hinaufgestiegen ist;

○ einem unerwartet mitgeteilt wird, man habe eine Prüfung bestanden, von der man annahm, man würde sie nicht schaffen;

○ es einem gerade eben noch gelungen ist, einen Zug/Bus zu erreichen, dem man nachgerannt ist;

○ man dabei ist, sich unter eine kalte Dusche zu stellen;

○ man einer langen, langweiligen Rede zuhören muß und ungeduldig darauf wartet, fortgehen zu können;

○ man plötzlich aus einem tiefen Schlaf geweckt wird.

Die Aufgabenstellung lautet, sich zu überlegen, wie man in ähnlichen Situationen wohl atmen würde. Jeder Schüler sollte sich einen Partner suchen. Danach tragen sie sich gegenseitig Atemgeräusche vor und versuchen, sie zu deuten. Das braucht nicht länger als höchstens zwei Minuten zu dauern. Anschließend kann man – wenn man möchte – die Partner wechseln lassen; dabei kann man zur Auflage machen, nicht die gleichen Atemgeräusche zu wiederholen, sondern sich immer neue Situationen auszudenken.

Anmerkungen

Gefühle werden oft durch die Art und Weise des Atmens, durch den Gesichtsausdruck oder durch Gesten mitgeteilt. Wenn dies geschieht, sind Menschen meist nicht geneigt, gleichzeitig auch darüber zu sprechen, was sie denken und fühlen, sieht man von zufälligen und situationsbedingten Äußerungen einmal ab.

Diese Übung konzentriert die Aufmerksamkeit auf etwas, das eigentlich selbstverständlich ist, wenn man den Kontext kennt. Sind einem die näheren Umstände jedoch nicht bekannt, wird es notwendig, sich darüber Klarheit zu verschaffen. Es geht also auch bei diesem Spiel nicht einfach darum, Selbstverständliches zu beschreiben, sondern durch Beobachtungsgabe und detektivischen Spürsinn darauf zu kommen, worum es sich bei bestimmten Geräuschen handeln könnte.

Wie in der Übung *Raumbetrachtung* (Seite 52) wird auch hier wiederum Bekanntes dadurch interessant, daß man es aus der gewohnten und vertrauten Umgebung herauslöst. Bei diesem Spiel wird jedoch nicht das Erinnerungsvermögen überprüft, sondern die Kombinationsgabe der Schüler wird aktiviert: sie sollen sich auf einen Teilausschnitt konzentrieren und von hier aus den Gesamtzusammenhang logisch-folgernd rekonstruieren.

1.6 Schmecken, Tasten, Riechen

Durchführung

Die Klasse wird in Gruppen von je vier bis fünf Schülern aufgeteilt. Jede Gruppe entscheidet sich für etwas Eßbares oder Trinkbares und einigt sich darüber, wie man es in einer pantomimischen Handlung darstellen könnte. Dann lösen sich die Gruppen auf; jeder Schüler sucht sich einen Partner aus einer anderen Gruppe, und die beiden Schüler spielen sich gegenseitig ihre Pantomimen vor. Dabei versuchen sie herauszufinden, worum es bei der Darstellung wohl gehen könnte, und sie äußern sich kritisch über die jeweiligen Vorführungen. Ehe man diese Übung durchführt, sollte man dafür sorgen, daß die Schüler einige grundlegende Wendungen kennen, mit denen man Kritik vortragen und sich zustimmend äußern kann; vgl. hierzu auch die Sprechaktkategorie 11, Seite 47.

Nachdem man den Bereich „Schmecken" durchgespielt hat, kann man zusätzlich den Tast- und Geruchssinn in die Übung einbeziehen. Dabei entscheiden sich die Schüler für etwas, das man anfassen oder riechen kann (ein heißes Bügeleisen, einen Schmetterling, ein Stück Klebeband, eine Melone auf dem Markt, gebratene Zwiebeln, verschiedene Parfums, ein Stück Käse, Zigarrenrauch in einem Zimmer, in dem nicht geraucht werden darf, einen Gegenstand, den man kaufen möchte, usw.). Die Schüler sollten sich bei dieser Übung im Klassenraum frei bewegen dürfen – sie müssen Gruppen bilden, sich Spielpartner suchen, ihre Pantomimen vortragen und die szenischen Handlungen anderer erraten.

Anmerkungen

Dies ist ein einfaches, aber recht unterhaltsames Spiel. Jeder kann daran teilnehmen, ohne viel nachzudenken oder befürchten zu müssen, er könne sich blamieren. Bei den meisten Darstellungen wird es sich um bekannte Dinge handeln; darum werden die Schüler in der Regel besonders aufmerksam zu beobachten haben, denn es ist gar nicht so einfach, Naheliegendes zu identifizieren. In sprachlicher Hinsicht werden kommentierende und kritisierende Bemerkungen nicht zu umgehen sein.

Wer die Äußerungen der Schüler gezielt steuern möchte, kann entsprechende Ausdrücke und Wendungen auflisten und den Schülern zugänglich machen (Tafelanschrieb, Tageslichtprojektor, Handzettel). Vor der Durchführung des Spiels sollte sich der Lehrer auch einige Handlungsinhalte überlegen, damit er für den Fall, daß den Schülern nichts (mehr) einfällt, Anregungen geben kann.

Für den Englischunterricht sei angemerkt, daß bei dieser Übung fast ausschließlich Formen in der Verlaufsform der Gegenwart *(present continuous tense)* auftreten werden.

1.7 Gegenstände erraten

Durchführung

Bei diesem Spiel sollte man zunächst der ganzen Klasse zeigen, wie es durchgeführt wird. Man bittet einen guten Schüler, einem dabei zu helfen. Der Schüler steht mit den Händen auf dem Rücken vor der Klasse und schaut seine Klassenkameraden an. Der Lehrer hält eine Anzahl kleiner Gegenstände bereit, die man leicht in der Hand halten kann (eine Streichholzschachtel, eine Heftklammer, eine Münze, ein Bonbon). Einen dieser Gegenstände gibt man dann dem Schüler in die Hand, ohne daß die Klasse merkt, worum es sich handelt. Aufgabe der Klasse ist es, durch Fragen herauszufinden, was der Schüler in der Hand hinter seinem Rücken verborgen hält.

Nachdem man dies zwei- bis dreimal vorgeführt hat, teilt man die Klasse in Gruppen von je fünf bis sechs Schülern auf. Die einzelnen Gruppen spielen dann auf die gleiche Weise weiter. Man muß dafür sorgen, daß man genügend kleine Gegenstände mitbringt, wenn man dieses Spiel durchführen möchte.

Anmerkungen

Wenn die Schüler mit dem Fragen beginnen, haben sie zunächst keinerlei Anhaltspunkte, an denen sie sich orientieren könnten. Sie müssen sich darum ausschließlich von den Antworten leiten lassen, die sie auf ihre Fragen erhalten. Mit direkten Fragen wie *Ist es ein(e)...? Is it a...? Est–ce que c'est...?* würde man dabei eine Menge Zeit verlieren. Deshalb sollte man die Schüler anhalten, sich mit eher allgemeinen Fragen über Beschaffenheit und Zweck eines Gegenstandes klarzuwerden. Bei einem solchen Vorgehen erfahren sie schnell und eindeutig, worum es sich grundsätzlich *nicht* handeln kann, und sie können die richtige Lösung rascher finden. Einige Beispielfragen:

Ist es hart?
Ist es aus Metall?
Kann man es biegen?
Ist es wertvoll?

Is it hard?
Is it made of metal?
Can it be bent?
Is it precious?

Est-ce que c'est dur?
Est-ce que c'est en métal?
Est-ce qu'on peut le tordre?
Est-ce que c'est précieux?

Dies ist nichts weiter als ein Ratespiel – aber ein Ratespiel mit einem sinnvollen Zweck. Die Schüler stellen nämlich *echte* Fragen, d.h. Fragen, deren Antwort sie *nicht* kennen.

1.8 Schwierigkeiten erkennen

Durchführung

Man teilt die Klasse in Gruppen (je vier bis fünf Schüler) auf. Jede Gruppe legt sich auf eine Reihe kleiner Gegenstände fest, z.B. eine Nadel, einen Schlüssel, einen Schnürsenkel, eine Münze. Dann denken sich die Schüler einzeln oder als Gruppe pantomimische Handlungsabläufe aus, mit denen dargestellt wird, wie man mit einem dieser Gegenstände seine Schwierigkeiten haben kann. Einige Beispiele:

O Eine Nadel einfädeln, während man in einem Zug fährt.

O Einen Schnürsenkel mit einem wunden Daumen zubinden.

O Geld in einen Münzfernsprecher einwerfen, während man den Hörer in der Hand hält.

O Einen Schlüssel aus einem verklemmten Schlüsselbund lösen.

Die Schüler wandern von Gruppe zu Gruppe und führen ihre Pantomimen vor. Die Gruppenmitglieder müssen raten, um welche Schwierigkeiten es sich jeweils handelt.

Nach diesem Durchgang legen sich die Gruppen auf große, schwere oder sperrige Gegenstände fest (ein verwickeltes Fischernetz, einen Fallschirm, eine Zeitung im Wind, eine Matratze). Auch Szenen mit diesen Gegenständen werden wieder gemeinsam durchgesprochen, anderen Gruppen vorgeführt und kritisch begutachtet.

Wenn man diese Übung zum ersten Mal durchführt, kann es notwendig werden, den Gruppen Anregungen zu geben, was sie darstellen *könnten,* wenn ihnen selbst nichts einfällt.

Dieses Spiel kann natürlich auch in Partnerarbeit durchgeführt werden.

Anmerkungen

Bei dieser Übung handelt es sich um eine relativ einfache Pantomime. Die dabei verwendeten Ideen und sprachlichen Äußerungen werden jedoch bei anderen Spielen in komplexeren Zusammenhängen wieder auftauchen. Hier liegt der Schwerpunkt noch auf der Beobachtung. Die Schüler sollen hauptsächlich das kommentieren, was sie *sehen.*

Es wird den Schülern vermutlich nicht schwerfallen, sich Handlungsinhalte auszudenken, und es wird ihnen Spaß machen, alltäglichen Problemen auf die Spur zu kommen, die aus einem erklärenden Kontext herausgelöst und die darum gar nicht so einfach zu erkennen sind. Gleichzeitig wird die Verwendung eines präzisen Sprachgebrauchs geübt.

1.9 Das Kreisspiel

Durchführung

Die Klasse wird in Großgruppen von jeweils acht bis zehn Schülern eingeteilt. Die Gruppen stellen sich im Kreis auf. Die Gruppenmitglieder werden gebeten, sich gegenseitig genau anzuschauen, besonders ihre jeweiligen Nachbarn. Nach einigen Minuten fordert man sie auf, die Augen zu schließen. Danach müssen folgende Aufgaben erfüllt werden:

a) Einem Gruppenmitglied wird (vom Lehrer oder einem Spielleiter) auf die Schulter geklopft. Dieser Schüler muß seine Augen geschlossen halten, während alle anderen die Augen wieder öffnen dürfen. Das „Opfer" wird aufgefordert, einen seiner Nachbarn so genau wie möglich zu beschreiben.

b) Dann müssen die Schüler ihre Augen wieder schließen. Diesmal werden zwei oder drei Gruppenmitglieder innerhalb des Kreises ausgetauscht. Die Augen werden wieder geöffnet. Frage: wer ist ausgetauscht worden?

c) Wieder werden die Augen geschlossen. Jetzt werden zwei oder drei Gruppenmitglieder aus dem Kreis herausgenommen. Man schickt sie in einen Nebenraum oder an einen anderen Ort, wo sie nicht gesehen werden können, wenn die anderen ihre Augen wieder öffnen. Während sie sich dort befinden, sollten sie untereinander Kleidungsstücke, Schmuck, Uhren usw. austauschen. Die restlichen Gruppenmitglieder dürfen ihre Augen wieder öffnen. Frage: wer fehlt? Die fehlenden Gruppenmitglieder werden benannt und beschrieben. Dann werden sie in den Raum zurückgerufen, und die Gruppe muß versuchen, die Veränderungen anzugeben, die in der Zwischenzeit vorgenommen worden sind.

Spielvariante

Eine etwas leichtere Version dieses Spiels besteht darin, daß sich jeweils zwei Gruppen von acht bis zehn Schülern in einer Reihe gegenüber aufstellen. Ihre Aufgabe besteht darin, sich genau zu merken, *an welcher Stelle* die Mitglieder des anderen Teams stehen, *was* sie anhaben, usw. Nach etwa drei bis vier Minuten ziehen sich die Gruppen in verschiedene Ecken des Klassenzimmers zurück und versuchen, sich so vollständig wie möglich an Einzelheiten ihres Gegenteams und seiner Mitglieder zu erinnern. Während sie dies tun, sollten sie möglichst unauffällig untereinander Kleidungsstücke austauschen und kleinere Veränderungen an ihrem äußeren Erscheinungsbild vornehmen. Nach fünf bis zehn Minuten stellen sich die Gruppen wieder in einer Reihe gegenüber auf, aber in einer anderen Reihenfolge als beim ersten Mal. Die Mitglieder des ersten Teams benennen nun abwechselnd jeweils *eine* Veränderung, die sie beim Gegenteam zu erkennen glauben, und zwar so lange, bis sie nichts mehr aussagen können. Danach machen die Mitglieder des zweiten Teams entsprechende Angaben über das erste Team. Das Team, das die wenigsten Veränderungen benennt, hat verloren.

1.10 Geschichten spielen

Durchführung

In Klassen mit wenigen Schülern (oder wenn man mit stärkeren Klassen in einem großen Raum arbeiten kann) bilden die Schüler einen großen Kreis. Ist dies nicht möglich, kann man auch zwei oder drei kleinere Kreise zusammenstellen. Nicht zu schnell, aber auch nicht zu langsam – und immer in der gleichen Richtung – gehen die Schüler im Kreis herum. Dabei erzählt man ihnen eine Geschichte. Die Aufgabe der Schüler besteht darin, sich so zu bewegen, daß ihre Körperhaltung mit dem jeweiligen Inhalt der Geschichte übereinstimmt. Wie das im einzelnen geschehen könnte, sollte man nicht vormachen oder vorschreiben; die Schüler sollten völlig frei entscheiden können, wie sie sich bewegen wollen, wobei sie von der Stimmführung, der Betonung und den Wiederholungen des Geschichtenerzählers inspiriert werden. Die Geschichte braucht nicht unbedingt ein Ende zu haben.

Ein Beispiel

Du bist zu Fuß unterwegs. Du gehst durch einen Wald in den Tropen. Es ist Nachmittag, später Nachmittag. Es ist heiß. Feucht. Drückend. Du schwitzt. Der Pfad wird enger und enger. Du steigst über Schlingpflanzen und Baumwurzeln. Plötzlich bleibst du stehen und horchst. Dann gehst du weiter. Du hast jetzt Angst, und ein Sturm zieht sich zusammen. Du hörst den Donner über dir. Du versuchst zu rennen ... Der Pfad wird immer unwegsamer. Schließlich hast du ihn verloren. Du nimmst dein Buschmesser und schlägst, schlägst, schlägst dir einen Weg frei. Es beginnt zu regnen. Ein tropischer Wolkenbruch. Dein Arm ist vom Schlagen müde geworden. Du sinkst zu Boden . . .

An einer solchen Stelle kann man die Geschichte unterbrechen und das Spiel beenden. Man kann aber auch die Schüler dazu auffordern, sich ein eigenes Ende für die Geschichte auszudenken.

Anmerkungen

Diese Übung läßt sich besonders gut immer dann verwenden, wenn man anspruchsvollere Unterrichtsarbeit einmal unterbrechen möchte. Die Schüler brauchen nicht zu sprechen; sie können sich voll auf Bewegung und Körperausdruck konzentrieren, und das macht ihnen meistens Spaß. Mit dieser Übung kann man eine schläfrige Klasse zum Leben erwecken!

Bei der Auswahl der Geschichten kann man den sprachlichen Kenntnisstand der Schüler relativ einfach dadurch berücksichtigen, daß man auf Lehrbuchtexte und Lektüren zurückgreift, die bereits durchgenommen worden sind und die sich – evtl. gekürzt oder leicht bearbeitet – für dieses Bewegungsspiel eignen. Der Lehrer kann auch einige Geschichten erfinden und dabei Wortschatz und Strukturen in idealer Weise auf das Sprachniveau der Schüler abstimmen.

2 Interpretieren

2.1 Wer bin ich? Wo bin ich? Was mache ich?

Durchführung

Bei Beginn dieser Übung setzt man sich mit den Schülern in einem großen Kreis zusammen. Man fordert sie zunächst dazu auf, bestimmte Gesten auszuführen, die normalerweise nicht von sprachlichen Äußerungen begleitet werden, z.B. Zeigefinger auf der Lippe (Ruhe) oder Reiben von Daumen und Zeigefinger (Geld). Mit einigen Gesten kann man sogar auf Wendungen verweisen, die fast idiomatischen Charakter haben – *Der spinnt! Ich hab' die Nase voll! He's crazy! I'm fed up! Il est fou! J'en ai marre!* Die Schüler sollen sagen, was die Gesten bedeuten und wann (sowie wem gegenüber) man sie verwendet.

Danach arbeiten die Schüler in Dreiergruppen weiter. Jedes Gruppenmitglied sollte sich eine Stimmung, einen Zustand oder ein Gefühl vorstellen, z.B. Hunger, Langeweile, Verwirrung, Ungeduld. Nur mit Hilfe von Gesten muß den anderen dann vermittelt werden, wer jemand ist, wo er sich befindet und was er gerade macht. Ein Beispiel: jemand könnte einen müden Fahrer spielen, der darauf wartet, daß sein Chef aus einer Konferenz kommt.

Nachdem jedes Gruppenmitglied einmal an der Reihe gewesen ist, sollten neue Gruppen gebildet werden. Wenn genügend Zeit vorhanden ist, kann man den Schülern auch die Aufgabe stellen, sich auf Gesten zu konzentrieren, die bestimmte Bitten, Aufforderungen oder Aussagen begleiten könnten, z.B. *Kann ich bitte Feuer haben? Beruhige dich! Komm, beeil' dich! Ich glaube, ich hab' meine Brieftasche verloren.*

Anmerkungen

Bei einer Übung dieser Art lernen die Schüler, die wichtige Bedeutung des Kontextes für das Verstehen einer Situation zu erkennen. Von der Deutung ganz einfacher Gesten werden sie über das Befragen und Beobachten anderer dazu gebracht, in einer in sich geschlossenen Szene darzustellen, wer sie sind und was sie tun. Da jede dieser kleinen Szenen etwas Neues enthält, das in aller Regel nicht vorausgesagt werden kann, kommt in den Fragen und Kommentaren der Beobachter echtes Interesse zum Ausdruck – sie wollen *wirklich* wissen, was sich

64

da abspielt. Gleichzeitig handelt es sich bei diesem Spiel um eine mehr oder weniger grundlegende Vorbereitungsübung auf schwierigere Darstellungsaufgaben, die später beschrieben werden.

2.2 Der verwandelte Gegenstand

Durchführung

Die gesamte Klasse setzt sich im Kreis zusammen. In die Mitte des Kreises stellt man einen gewöhnlichen Gegenstand, z.B. einen Stuhl, einen Papierkorb oder eine Handtasche. Die Schüler schauen sich diesen Gegenstand an und stellen sich dabei vor, er sei in Wirklichkeit etwas völlig anderes, etwa ein Stuhl = ein Schubkarren, ein Backofen, ein Felsblock. Nicht der Reihe nach, sondern lieber auf freiwillige Meldungen hin sollten sie dann ihre Ideen vorführen. Sie nehmen den Gegenstand in die Hand und zeigen in einer kurzen szenischen Handlung, welche neue ,,Funktion" er erfüllt. Die anderen Schüler versuchen herauszufinden, in was der Gegenstand verwandelt worden sein könnte.

Möglicherweise wissen die Schüler zunächst nicht so recht, welche Verwandlungen sie vornehmen sollten. Wenn niemand anfangen möchte, sollte man die Lage des Gegenstandes verändern, z.B. indem man ihn einfach umdreht. Die unerwartete Aufstellung eines bekannten Gegenstandes regt die Schüler gewöhnlich dazu an, sich vielerlei Verwendungsmöglichkeiten einfallen zu lassen.

Anmerkungen

Viele Übungen, die im Kapitel *Interpretieren* vorgeschlagen werden, zielen darauf ab, die Welt des Alltags zu verwandeln, um auf diese Weise bekannte Gegenstände auf neue und unerwartete Art interessant erscheinen zu lassen. Bei diesem Spiel erfahren die Schüler, daß jeder einzelne in der Klasse über den gleichen Gegenstand etwas völlig anderes sagen kann. Wenn man mit diesen schwierigeren Spielen Erfolg haben will, dann muß man dafür sorgen, daß es den Schülern gelingt, sich bei der Umsetzung ihrer Ideen auf das Vorstellungsvermögen ihrer Klassenkameraden einzustellen. Keiner sollte darum etwas szenisch darstellen, von dem er nicht sicher weiß, daß es allen anderen bekannt sein müßte.

2.3 Gegenstände austauschen

Durchführung

Alle Schüler einer Klasse setzen sich in zwei langen Reihen einander gegenüber. Jeder Schüler legt sich auf einen Gegenstand fest. Dann versucht er zunächst einmal für sich selbst, Form, Größe und Gewicht dieses Gegenstandes durch Gesten zu beschreiben. Wenn er mit dem Ergebnis seines Versuchs zufrieden ist, beschreibt er den Gegenstand auf die gleiche Weise – ohne dabei zu sprechen – seinem Partner, der ihm gegenübersitzt. Anschließend beschreibt dieser Partner seinerseits einen Gegenstand, für den er sich entschieden hat. Dann werden die Gegenstände „ausgetauscht", und jetzt sagen sich die Schüler gegenseitig, was sie glauben, erhalten zu haben.

Nach diesem ersten Durchgang läßt man die Klasse in Dreiergruppen weiterarbeiten. Sie können jetzt eine kleine Szene vorbereiten, in der die drei Gegenstände, die sie erhalten haben, eine Rolle spielen.

Anmerkungen

Mit dieser Übung werden die Schüler vom einfachen Erkennen zur Interpretation geführt. Im ersten Teil benutzen sie dabei Ausdrücke und Wendungen, die schon in vielen anderen vorangegangenen Spielen aufgetreten sind. Im zweiten Teil hingegen können sie sich sprachlich frei entfalten; hier können sie ihrer Phantasie freien Lauf lassen, und darum werden sie auch auf eine größere Zahl von Strukturen zurückgreifen müssen.

2.4 Was habe ich an?

Durchführung

Die Klasse wird in Gruppen von jeweils drei Schülern aufgeteilt. Jedes Gruppenmitglied legt sich auf eine spezielle Fußbekleidung fest und beschreibt sie den anderen Gruppenmitgliedern durch Gesten. Vor dem Spiel sollte man die Schüler darauf hinweisen, daß es sich dabei nicht nur um normales Schuhwerk zu handeln braucht, sondern praktisch um alles, was man an den Füßen tragen kann – also auch Schlittschuhe, Schwimmflossen und Skier gehören dazu. Darum sollten die Schüler bei ihrer gestischen Beschreibung auf Einzelheiten wie Form, Größe, Gewicht und auch auf den jeweiligen Verwendungszweck eingehen. Die anderen Gruppenmitglieder müssen herausfinden, worum es sich handelt und aus welchem Material die Fußbekleidung besteht. Bei einem zweiten Durchgang geht es dann um verschiedene Arten der Kopfbedeckung.

Danach werden die Gruppen neu zusammengestellt, so daß kein Schüler mit dem gleichen Partner zusammentrifft. Jedes Gruppenmitglied entscheidet sich für eine bestimmte Person, deren Beruf oder Tätigkeit das Tragen einer speziellen Kleidung voraussetzt. Anschließend erfolgt die Vorführung einer kurzen szenischen Handlung, mit der demonstriert wird, wie diese Person sich an- oder auskleidet. Die Gruppenmitglieder sollen herausfinden, wer diese Person ist und für welche Gelegenheit sie sich anzieht bzw. was sie vor dem Ausziehen getan oder erlebt haben könnte. Einige typische Beispiele: ein Athlet macht sich für einen Wettkampf fertig, ein Astronaut bereitet sich auf einen Weltraumflug vor, eine Krankenschwester kurz vor Dienstantritt. Während der Vorführung dürfen Fragen gestellt werden; der spielende Schüler sollte jedoch *nicht* erklären, was er jeweils gerade tut. Er kann jedoch, falls nötig, selbst einige Fragen bzw. Rückfragen stellen, wenn er merkt, daß die anderen völlig im Dunkeln tappen.

Anmerkungen

Auch hier werden wieder bekannte Gegenstände, Sachverhalte und Handlungen dazu verwendet, den Schüler zu veranlassen, eine Verbindung zwischen dem realen Alltag und der Welt der Vorstellung herzustellen. Dabei ist wichtig, daß sich der Sprachgebrauch im Rahmen des Üblichen und Vorhersagbaren bewegt, und zwar auch dann, wenn es sich um ungewöhnliche oder unerwartete Situationen handeln sollte. Die Übung ist gut geeignet, wenn man den Schülern Gelegenheit geben will, spontane Fragen zu stellen – Fragen, die man aus echtem Interesse und sofort beantwortet haben möchte und die man nicht bis zu einer besonderen „Fragestunde" zurückzustellen braucht.

2.5 Was hast du erkannt?

Durchführung

Alle Schüler einer Klasse sitzen einander in zwei langen Reihen gegenüber. Jeder Schüler spielt seinem Partner, der ihm gegenübersitzt, einen einfachen Handlungsvorgang aus seinem Tagesablauf vor. Wenn man dieses Spiel zum ersten Mal durchführt, läßt man am besten zunächst alle Schüler die gleiche Handlung ausführen. Dazu sollten genaue Angaben gemacht werden. Beispiele: Zeigt eurem Partner, was ihr getan habt, ehe ihr heute morgen zur Schule gekommen seid. Zeigt ihm, *wann* ihr aufgestanden seid. Macht vor, *wie* ihr aufgewacht oder geweckt worden seid. Was habt ihr zum Frühstück gehabt? Bei wem habt ihr euch verabschiedet? Spielt eurem Partner vor, wie ihr hierher gekommen seid. Nichts sollte ausgelassen werden, von dem man annehmen darf, daß es die Schüler interessiert.

Die Schüler der ersten Reihe beginnen. Wenn sie fertig sind, spielen die der anderen Reihe ihre Kurzszenen vor. Anschließend sagen sich die Partner, was sie erkannt zu haben glauben. Dabei sollten sie sich gegenseitig über Einzelheiten befragen. Treten Mißverständnisse auf, so kann man sie – falls nötig – klären, indem die entsprechenden Handlungen noch einmal vorgespielt werden.

Anmerkungen

Auf den ersten Blick mag diese Übung sehr einfach, vielleicht sogar uninteressant erscheinen. Sie kann jedoch lebhafte Diskussionen auslösen, und sie bietet oft Gelegenheit zum gezielten Einüben bestimmter sprachlicher Formen (Verben in der Vergangenheit, Konjunktionen). Ein Nachteil dieser Übung besteht allerdings darin, daß man sie nicht allzu oft wiederholen kann, weil die Handlungsvorgänge eines Tagesablaufs begrenzt sind. Darum sollte man gelegentlich auch einmal auf andere Handlungsinhalte zurückgreifen.

Spielvariante

Anstelle des Tagesablaufs kann man auf die gleiche Weise einen Traum wiedergeben oder ein Erlebnis aus der Kindheit vorspielen lassen. Derartige Vorgänge sind natürlich nicht so leicht zu erkennen. Die Übung wird darum schwieriger, obwohl in sprachlicher Hinsicht nichts Neues hinzukommt; es geht auch hier um Verbformen in der Vergangenheit und um Konjunktionen.

2.6 Das gespielte Verb

Durchführung

Jedem Schüler in der Klasse wird ein Spielpartner zugeordnet; man kann auch Dreiergruppen bilden, falls dies von der Zahl der Schüler her notwendig werden sollte. Jedes Paar bzw. jede Gruppe erhält eine Liste, auf der Vorgänge verzeichnet sind, die sich jeweils um ein Verb gruppieren und die mimisch dargestellt werden sollen (vgl. „Vorschlagslisten"). Diese Vorschläge sollten sich auf Handlungen beziehen, die man relativ einfach erkennen kann, z.B. einen Baum fällen, eine Kerze ausblasen, Getränke in einem überfüllten Raum servieren, usw. Die Schüler spielen und raten jeweils abwechselnd: Was geschieht gerade oder ist bereits geschehen? Welche Person wird dargestellt? Wo befindet sie sich?

Wenn sie zu Ende gespielt haben, erhalten die Schüler eine neue Vorschlagsliste, oder die Spielgruppen tauschen ihre Listen untereinander aus. Es empfiehlt sich, die Spielpartner *nicht* wechseln zu lassen; auf diese Weise gewinnen sie Vertrauen zueinander, und man gibt den Selbstbewußten unter ihnen keine Möglichkeit, ihre „Kunst" immer wieder erneut zur Schau zu stellen.

Anmerkungen

Dieses Spiel ist eine Variante von *Wer bin ich? Wo bin ich? Was mache ich?* (vgl. Seite 64). Hier liegt der Schwerpunkt allerdings mehr auf dem *Handeln* als auf der Wiedergabe von Gefühlen oder Zuständen. Mit der Übung lassen sich Wiederholungen auf kreative Weise gestalten: alle Spielvorschläge, die den Schülern vorgegeben werden, können systematisch auf bereits bekannte Wortfelder bezogen werden.

Vorschlagslisten

Denkt daran: bei den folgenden Übungen müßt ihr euch immer fragen, *wer* ihr seid, *wo* ihr euch befindet und *warum* ihr etwas tut. Seid ihr allein, oder ist jemand bei euch?

anhalten/stoppen

Stell dir vor:
- du fährst auf Rollschuhen und versuchst, ganz plötzlich anzuhalten
- du hilfst einem Autofahrer beim Einparken: signalisiere ihm, daß er anhalten soll
- du bist ein Verkehrspolizist auf einer Kreuzung: mache den Fußgängern klar, daß sie warten müssen
- du willst gerade einen Abfahrtslauf auf einer Skipiste machen – und überlegst es dir dann doch anders
- du versuchst zu verhindern, daß eine größere Menschenmenge eine Treppe heraufkommt
- du befiehlst deinem Hund, dort zu bleiben, wo er ist

stop

Imagine you are:
- on roller skates and trying to stop suddenly
- helping somebody to park: signal to him to stop
- a policeman at a crossing: tell the pedestrians to wait
- about to go down a ski slope: you change your mind
- trying to prevent a large crowd from coming up the stairs
- telling your dog to stay where he is

arrêter

Imagine-toi que:
- tu fais du patin à roulettes et que tu veux t'arrêter
- tu es en train d'aider quelqu'un à se garer: fais lui signe de s'arrêter
- tu es un agent à un passage clouté: dis aux piétons d'attendre
- tu es sur le point de descendre une piste de ski et que tu changes d'avis
- tu essaies d'empêcher une foule de monter un escalier
- tu dis à ton chien de rester là où il est

tragen

Stell dir vor:
- du trägst an einem warmen Sommertag einen schweren Rucksack bergauf
- du trägst ein Tablett mit Gläsern auf einem Gartenfest
- du trägst einen schweren Koffer in der einen, einen Regenschirm in der anderen Hand
- du trägst einen Menschen, der ohnmächtig geworden ist
- du trägst ein großes Bild
- du trägst einen dicken Blumenstrauß
- du trägst eine geladene Waffe

carry

Imagine you are:
- carrying a heavy rucksack uphill in the sun
- carrying a tray full of glasses at a garden party
- carrying a heavy suitcase in one hand, an umbrella in the other
- carrying a person who has collapsed
- carrying a large picture
- carrying a bouquet of flowers
- carrying something valuable you have stolen from a shop
- carrying a loaded gun

70

porter

Imagine-toi que:
- tu es en train de grimper sur une colline, avec un sac à dos trè lourd, sous un soleil écrasant
- tu portes un plateau rempli de verres, lors d'une soirée
- tu portes, d'une main, une lourde valise et, de l'autre, un parapluie
- tu portes une personne qui vient de s'évanouir
- tu portes un grand tableau
- tu portes un bouquet de fleurs
- tu *transportes* un object de grande valeur que tu viens de voler dans un magasin
- tu portes un fusil chargé

(zer)brechen

Stell dir vor:
- du versuchst, Nüsse mit der Hand zu *knacken*
- du versuchst, eine Tür *einzuschlagen*
- du versuchst, ein Stück frisches Holz zu zerbrechen
- du versuchst, ein Stück trockenes Holz ohne Axt zu zerbrechen
- du *schlägst* dir (gewaltsam) einen Weg durch Dschungeldickicht

break

Imagine you are:
- trying to *crack* nuts between your hands
- trying to break down a door
- trying to break a piece of green wood
- trying to break a piece of dry wood without an axe
- breaking (or *forcing*) your way through thick jungle
- a schoolboy trying to break a street lamp

casser, briser

Imagine-toi que:
- tu essaies de casser des noix entre tes mains
- tu essaies d'*enfoncer* une porte
- tu essaies de casser un morceau de bois vert
- tu essaies de casser un morceau de bois sec sans hache
- tu te *fraies* un chemin à travers la jungle
- tu es un écolier qui essaie de casser un lampadaire dans la rue

71

öffnen

Stell dir vor:
- du öffnest eine Auster
- du versuchst, eine Büchse Ölsardinen zu öffnen
- du öffnest einen wichtigen Brief
- du *machst* ohne Korkenzieher eine Flasche *auf*
- du öffnest ein verklemmtes Fenster, und es geht plötzlich viel leichter, als du gedacht hast
- du öffnest ein schweres Eisentor
- du öffnest einen Schirm im Wind
- du *schlägst* ein altes, wertvolles Buch *auf*

open

Imagine you are:
- opening an oyster
- trying to open a tin of sardines
- opening an important letter
- opening a bottle without a bottle opener
- opening a window that suddenly comes unstuck
- opening a heavy iron gate
- opening an umbrella in the wind
- opening an old and precious book

ouvrir

Imagine-toi que:
- tu es en train d'ouvrir une huître
- tu essaies d'ouvrir une boîte de sardines
- tu ouvres une lettre importante
- tu *débouches* une bouteille sans tire-bouchon
- tu ouvres une fenêtre qui se brise tout à coup
- tu ouvres un lourd portail en fer
- tu ouvres un parapluie dans le vent
- tu ouvres un livre qui est vieux et précieux

gucken/schauen

Stell dir vor:
- du guckst durch ein Schlüsselloch

72

– du *suchst* nach einem Geldstück, das du auf der Straße verloren hast
– du guckst/schaust zum Dach eines Hauses hinauf
– du guckst dich um, um herauszufinden, ob dich jemand verfolgt
– du guckst/schaust in ein Mikroskop
– du *suchst* in einem Telefonbuch nach einem Namen
– du guckst/schaust aus dem Fenster eines Zuges
– du *suchst* jemanden in einer Menschenmenge

---

look

Imagine you are:
– looking through a keyhole
– looking for money you have dropped in the street
– looking up at the top of a building
– looking behind to see if you are being followed
– looking through a microscope
– looking for a name in the telephone directory
– looking out of a train window
– looking for someone in a crowd

---

regarder

Imagine-toi que:
– tu regardes par le trou d'une serrure
– tu *cherches* de l'argent que tu viens de perdre dans la rue
– tu regardes le haut d'un grand édifice
– tu regardes derrière toi pour voir si quelqu'un te suit
– tu regardes quelque chose au microscope
– tu *cherches* un nom dans un annuaire téléphonique
– tu regardes à travers la vitre d'un train
– tu *cherches* quelqu'un dans une foule

---

schneiden

Stell dir vor:
– du schneidest Schinken in Scheiben
– du *fällst* einen Baum
– du *hackst* Holz
– du schneidest dir die Fingernägel
– du schneidest dir selbst die Haare
– du schneidet etwas von einem zähen Stück Fleisch ab

– du schneidest ein Stück Stoff ab
– du *mähst* Gras (oder schneidest es mit einer Sichel)

cut

Imagine you are:
– *slicing* ham
– cutting down a tree
– *chopping* firewood
– cutting your fingernails
– cutting your own hair
– cutting a tough steak
– cutting lengths of cloth
– cutting grass (*mowing* or using a scythe)

couper

Imagine-toi que:
– tu es en train de couper une tranche de jambon
– tu es en train d'*abattre* un arbre
– tu es en train de couper du bois
– tu es en train de te couper les ongles
– tu es en train de te couper les cheveux
– tu es en train de couper un steak coriace
– tu es en train de couper un vêtement à sa bonne longueur
– tu es en train de couper de l'herbe à l'aide d'une faux

blasen

Stell dir vor:
– du bläst die Kerzen auf einem Geburtstagskuchen aus
– du bläst einen großen Luftballon auf
– du bläst ins „Röhrchen" (Alkoholtest)
– du versuchst, eine Fliege auf deiner Nase wegzublasen
– du bläst dir in die Hände, um sie zu wärmen
– du bläst in ein Feuer, um es anzufachen
– du bläst mit einer Trillerpfeife

blow

Imagine you are:

74

– blowing out candles on a birthday cake
– blowing up a big balloon
– blowing into a balloon for a breathalyser test
– blowing a fly off your nose
– blowing onto your hands to keep them warm
– blowing a fire to make it start
– blowing a whistle

souffler

Imagine-toi que:
– tu es en train de souffler les bougies d'un gâteau d'anniversaire
– tu es en train de *gonfler* un ballon
– tu es en train de souffler dans «le» ballon (alcootest)
– tu es en train de souffler sur une mouche qui se trouve sur ton nez
– tu es en train de souffler dans tes mains pour les réchauffer
– tu es en train de souffler sur un feu pour l'allumer
– tu es en train de *siffler* avec un sifflet

ziehen

Stell dir vor:
– du versuchst, eine verklemmte Schublade aufzuziehen
– du ziehst einen Zahn
– du stehst auf einem Fischerboot und *holst* ein Netz *ein*
– du ziehst einen Schlitten in tiefem Schnee
– du ziehst eine Barke stromaufwärts
– du ziehst dir Strümpfe an
– du ziehst einen Wassereimer aus einem tiefen Brunnen

pull

Imagine you are:
– *tugging* at a stiff drawer
– pulling out *(drawing)* a tooth
– pulling in a net of fish while standing on a boat
– pulling a sledge in thick snow
– pulling a barge upstream
– pulling on socks
– pulling a bucket of water from a deep well

tirer

Imagine-toi que :
– tu es en train de tirer de toutes tes forces sur un tiroir
– tu es en train de t'*arracher* une dent
– tu es en train de tirer un filet de pêche à bord d'un bateau
– tu es en train de tirer un traîneau dans une épaisse couche de neige
– tu es en train de tirer une barque à contre-courant
– tu es en train d'enfiler tes chaussettes
– tu es en train de tirer un seau d'eau d'un puits profond

anschauen/zuschauen, beobachten

Stell dir vor :
– du schaust dir ein langweiliges Tennisspiel an
– du beobachtest einen seltenen Vogel in der Ferne
– du schaust dir einen Boxkampf im Fernsehen an
– du willst eine belebte Hauptstraße überqueren und beobachtest den Verkehr
– du schaust dir einen Wettkampf im Skispringen an
– du sitzt am Fenster und schaust verzweifelt in den Regen

watch

Imagine you are :
– watching a boring game of tennis
– watching a rare bird, some distance away
– watching a boxing match on television
– watching the traffic pass on a main road which you are trying to cross
– watching firemen putting out a fire
– watching ski-jumping championships
– watching the rain, despondently, from your window

regarder

Imagine-toi que :
– tu es en train de regarder un match de tennis ennuyeux
– tu es en train d'*observer* un oiseau rare, de loin
– tu es en train de regarder un match de boxe à la télévision
– tu regardes si tu peux traverser avant de t'engager sur une route à grande circulation

– tu es en train de regarder des pompiers éteindre un feu
– tu es en train de regarder des championnats de saut à skis
– tu es en train de regarder tomber la pluie de ta fenêtre, d'un air désespéré

reinigen/säubern

Stell dir vor:
– du *putzt* die Fenster im 50. Stock eines Hochhauses von außen
– du reinigst ein Paar stark verdreckte Stiefel
– du reinigst ein Bad
– du wäschst ein sehr dreckiges Auto
– du *wäschst* die Fassade eines alten Gebäudes ab
– du säuberst den Marktplatz nach dem Markttag

clean

Imagine you are:
– cleaning the windows on the outside of the 50th floor of a skyscraper
– cleaning a pair of very muddy boots
– cleaning the bath
– cleaning a very dirty car
– cleaning the façade of an old building
– cleaning the market place after the market

nettoyer

Imagine-toi que:
– tu es en train de *laver* les vitres au cinquantième étage d'un gratte-ciel
– tu es en train de nettoyer une paire de bottes pleines de boue
– tu es en train de nettoyer la salle de bain
– tu es en train de *laver* une voiture très sale
– tu es en train de nettoyer la façade d'une vieille bâtisse
– tu es en train de nettoyer la place du marché après le marché

fangen (erreichen)

Stell dir vor:
– du versuchst, im Garten eine gefährliche Schlange zu fangen
– du hast einen großen Fisch gefangen und versuchst, ihn an Land zu ziehen

– du versuchst, deinen Hut (einzu)fangen, den dir der Wind vom Kopf geblasen
  hat
– du versuchst, jemanden zu *stellen* (fangen), der dir deine Tasche gestohlen hat
– du versuchst, einen Zug zu erreichen, der gerade den Bahnhof verläßt
– du bist dabei, eine Fliege zu fangen, die sich vor dir auf dem Tisch
  niedergelassen hat

catch

Imagine you:
– are trying to catch a dangerous snake in your garden
– have caught a big fish, which you are trying to land
– are trying to catch your hat. which has blown off in the wind
– are trying to catch someone who has stolen your bag
– are trying to catch a train that is pulling out of the station
– are about to catch a fly that has settled on the table

prendre, attraper

Imagine-toi que:
– tu essaies d'attraper un serpent dangereux dans ton jardin
– tu as attrapé un gros poisson et que tu essaies de l'amener sur la rive
– tu essaies de *rattraper* ton chapeau que le vent a emporté
– tu essaies d'attraper quelqu'un qui vient de te voler ton sac
– tu essaies de *rattraper* un train qui vient de sortir de la gare
– tu essaies d'attraper une mouche qui s'est posée sur la table

gehen

Stell dir vor:
– du gehst barfuß über glühende Kohlen
– du gehst eine Rolltreppe hoch, die nach unten fährt
– du *watest* im Schlamm
– du *balancierst* auf einem Stahlseil über den Niagarafällen
– du *bewegst* dich auf der Mondoberfläche *voran*
– du gehst durch tiefen Schnee
– du gehst durch den Korridor eines fahrenden Zuges
– du gehst im Leseraum einer Bibliothek über einen quietschenden Fußboden

78

walk

Imagine you are:
- walking barefoot over a bed of red-hot coals
- walking up an escalator that is moving down
- walking in thick mud
- walking along a tightrope over the Niagara Falls
- walking on the moon
- walking in deep snow
- walking along the corridor of a train
- walking on a squeaky floor in a public library

marcher

Imagine-toi que:
- tu marches pieds-nus sur un lit de charbons ardents
- tu es en train de *monter* à pied un escalier roulant qui descend
- tu es en train de marcher dans une boue épaisse
- tu es en train de marcher sur une corde qui se trouve au-dessus des chutes du Niagara
- tu es en train de marcher sur la lune
- tu es en train de marcher dans une neige épaisse
- tu es en train de marcher dans le couloir d'un train
- tu es dans une bibliothèque publique et que le plancher craque quand tu marches

trinken

Stell dir vor:
- du liegst neben einem Schwimmbecken und trinkst ein Glas Saft/einen Cocktail mit einem Strohhalm
- du trinkst *(schlürfst)* Wasser aus einem schnell fließenden Bergbach
- du *nimmst* eine Arznei *ein,* die dir nicht schmeckt
- du *ißt* einen Teller heiße Suppe mit schlüpfrigen Nudeln
- du trinkst bei einer Weinprobe einen guten Wein
- du trinkst mitten in der Nacht Wasser aus dem Wasserhahn im Badezimmer

drink

Imagine you are:
- lying by a swimming pool drinking a long cocktail through a straw

79

- drinking water from a fast-flowing mountain stream
- drinking a medicine you do not like
- drinking a hot soup full of slippery noodles
- drinking a good wine at a wine-tasting ceremony
- drinking from the bathroom tap in the middle of the night

boire

Imagine-toi que:
- tu es allongé au bord d'une piscine et que tu bois un cocktail avec une paille
- tu es en train de boire à un torrent au courant très rapide
- tu es en train de boire un médicament que tu n'aimes pas
- tu es en train de manger un potage aux vermicelles et ils se montrent récalcitrants
- tu es en train de boire un bon vin à l'occasion d'une dégustation de vins
- tu bois au robinet de la salle de bain au milieu de la nuit

essen

Stell dir vor:
- du ißt zum ersten Mal mit (chinesischen) Stäbchen
- du ißt ein Stück Brot und beißt plötzlich auf etwas Hartes
- du ißt zum ersten Mal wieder nach einer Hungerkur
- du versuchst, in einem überfüllten Zug zu essen
- du versuchst, eine Tafel Schokolade zu essen, ohne dabei erwischt zu werden
- du ißt Spaghetti mit der linken Hand, weil du dir die rechte Hand verletzt hast

eat

Imagine you are:
- eating with (Chinese) chopsticks for the first time
- eating a piece of bread and suddenly bite on something hard
- eating for the first time after being on a hunger strike
- trying to eat in a crowded train
- trying to eat a bar of chocolate without being noticed
- eating spaghetti with your left hand because your right hand is injured

manger

Imagine-toi que:
- tu manges pour la première fois avec des baguettes

- tu es en train de manger un morceau de pain et que tu mords soudain dans quelque chose de dur
- tu manges à nouveau pour la première fois après une grève de la faim
- tu essaies de manger dans un train bondé
- tu essaies de manger une barre de chocolat sans te faire voir
- tu essaies de manger des spaghettis de la main gauche parce que ta main droite est blessée

lesen

Stell dir vor:
- du bist in einem Bus und versuchst, in der Zeitung deines Vordermannes mitzulesen, indem du ihm über die Schulter schaust
- du versuchst, an einem windigen Strand eine Zeitung zu lesen
- du liest eine Schrifttafel auf dem Fernsehschirm
- du *schaust* in einem Fahrplan *nach* und versuchst herauszufinden, wann dein Zug abfährt
- du versuchst, die Inschrift auf einem alten Grabstein in einer Kirche zu *entziffern*
- du liest eine Partitur
- du liest eine Speisekarte

read

Imagine you are:
- trying to read somebody else's newspaper over his shoulder in the bus
- trying to read a newspaper on a windy beach
- reading the news on television (in England werden in besonderen Programmen für Schwerhörige die Nachrichten in Schriftform ausgestrahlt)
- reading a timetable, trying to find when your train leaves
- trying to read what is written on an old gravestone in a church
- reading a musical score
- reading a menu

lire

Imagine-toi que:
- tu essaies de lire un journal par-dessus l'épaule de quelqu'un d'autre, dans le bus
- tu essaies de lire le journal sur la plage et que le vent souffle très fort
- tu lis les informations sur l'écran de télévision

81

– tu lis les horaires des trains pour voir quand part le tien
– tu essaies de *déchiffrer* des inscriptions sur une vieille tombe
– tu lis une partition
– tu lis un menu

schreiben

Stell dir vor:
– du versuchst, einem Freund eine Nachricht mit einem angebrannten Streichholz aufzuschreiben (weil du deinen Kugelschreiber vergessen hast)
– ein Polizist *stellt* einen Strafzettel *aus*
– ein Mönch *malt* einen reich verzierten Buchstaben in ein wertvolles Manuskript
– ein Popstar *gibt* ein Autogramm
– ein Ober schreibt die Rechnung
– ein kleines Kind lernt schreiben
– ein Verliebter schreibt einen Namen in den Sand

write

Imagine you are:
– trying to write a note to a friend with a burnt matchstick (because you have forgotten your pen)
– a traffic policeman writing out a parking ticket
– a monk writing a letter in an illuminated manuscript
– a pop star *signing* his autograph
– a waiter writing out the bill
– a young child learning to write
– a lover writing a name in the sand (or *carving* a name on a tree)

écrire

Imagine-toi que:
– tu essaies d'écrire un mot à un ami avec une allumette brûlée parce que tu as oublié ton crayon
– tu es agent de police et que tu écris une contravention
– tu es un moine dessinant une lettrine dans un manuscrit enluminé
– tu es une idole de la chanson et que tu *donnes* des autographes
– tu es un garçon de restaurant qui *fait* l'addition
– tu es un enfant qui apprend à écrire
– tu es un amoureux qui écrit un nom dans le sable (ou *grave* un nom dans l'écorce d'un arbre)

82

2.7 Das Bühnenbild

Durchführung

Die Klasse wird in Gruppen zu je vier Schülern aufgeteilt. Jede Gruppe erhält ein Thema, z.B. *suchen, warten, sich beschweren.* Jedes Thema soll in Form eines Bühnenbildes mimisch veranschaulicht werden. Man muß die Schüler ausdrücklich darauf hinweisen, daß die Personen, die sie darstellen sollen, konkrete und bis in die Einzelheiten hinein festliegende Aufgaben zu übernehmen haben. Wenn sich z.B. vier Personen im Wartezimmer eines Tierarztes befinden, müssen die Zuschauer sagen können, welches Tier jeder der Wartenden bei sich hat und um was für Menschen es sich jeweils handelt – um ängstliche, redselige oder um zurückgezogene Mitbürger.

Man gibt den Gruppen zehn Minuten Zeit, damit sie ihre Ideen austauschen können, und weitere fünf Minuten zur Vorbereitung der Aufführung. Nach 15 Minuten werden die Bühnenbilder nacheinander vorgeführt. Nach jedem Auftritt versuchen die Schüler herauszufinden, was sie gerade gesehen haben, und sie diskutieren ihre Interpretationen mit den Spielern.

Anmerkungen

Bei diesem Spiel kommt man mit ganz wenigen Anweisungen aus; was die Schüler tun, hängt fast ausschließlich von ihren gemeinsamen Überlegungen ab. Dabei beschäftigen sie sich übrigens alle mit dem gleichen Thema; das ist wichtig, weil auf diese Weise gewährleistet ist, daß sie aufeinander hören und sich wirklich dafür interessieren, was die anderen sagen. In sprachlicher Hinsicht werden Ausdrücke und Wendungen aktiviert, die sich auf die *Zusammenarbeit* mit anderen und auf das *Kommentieren* von Vorgängen und Handlungen beziehen (vgl. hierzu Sprechaktkategorie 8, Seite 44), wenngleich sich das inhaltliche Interesse der Schüler natürlich auf die Spielvorschläge ihrer Gruppenmitglieder konzentriert. Es wäre darum am besten, wenn sie gar nicht erführen, daß die Aufführung eigentlich nur eine Art „Mittel zum Zweck" ist.

Insgesamt sollte man darauf achten, daß die einzelnen Gruppen nicht allzu oft Gelegenheit erhalten, vor der Klasse aufzutreten, denn das führt leicht zu einer stark stilisierten Darstellungsweise und zu einem übertriebenen Selbstbewußtsein der Spieler. Man sollte sich darum strikt an die Zeitgrenzen halten, damit die Gruppen gezwungen sind, unter Zeitdruck zu arbeiten. Natürlich werden sie sich deswegen beschweren – „Aber wir sind doch längst noch nicht fertig" – und sie werden um „nur noch eine Minute" betteln; vermutlich werden sie sich auch nach dem Spielen darüber beklagen, daß sie viel besser gewesen wären, wenn man ihnen mehr Zeit gegeben hätte. Das ist aber weiter nicht schlimm; im Gegenteil: auch die sprachlichen Formen der Sprechaktkategorie *sich beschweren* sind des Übens wert, und hier können sie in einer realen Anwendungssituation vorgetragen werden.

2.8 Wer errät die Tageszeit?

Durchführung

Man teilt die Klasse in Zweier- oder Dreiergruppen auf. Jede Gruppe legt sich auf eine Tageszeit und auf eine bestimmte Person fest. Diese Person spielt dann einen Vorgang, der mit der gewählten Tageszeit in Verbindung steht.

Die Gruppen spielen sich gegenseitig ihre Szenen vor und versuchen herauszufinden, welche Handlung zu welcher Tageszeit stattfinden könnte. Ein Beispiel: Mittagszeit in einer Kleinstadt; ein Ladenbesitzer ist dabei, sein Geschäft für die Mittagszeit zu schließen, und eine Hausfrau versucht verzweifelt, vorher noch einzukaufen.

Es dürfte ratsam sein, allzu eindeutige Handlungen von vornherein auszuschließen, z. B. das Aufstehen am Morgen oder das Zubettgehen am Abend.

Anmerkungen

Wie schon bei vielen anderen vorangegangenen Übungen können die Schüler auch hier ihren Darbietungen Alltagserfahrungen zugrunde legen. Da die sprachlichen Anforderungen relativ bescheiden sind, eignet sich das Spiel besonders für Anfänger. Sie brauchen lediglich die Tageszeiten zu kennen und müssen einfache, kurze Sätze bilden können, mit denen beschrieben wird, was gerade geschieht (im Englischen: *present continuous tense*; im Deutschen und Französischen: Formen der Gegenwart).

2.9 Der Empfangschef

Durchführung

Wenn man dieses Spiel zum ersten Mal durchführt, sollte man es zunächst mit der gesamten Klasse erarbeiten. Man sagt den Schülern, sie seien in einem Hotel (je nach Sprache in England, Frankreich oder Deutschland bzw. in einer

Situation, in der auf englisch, französisch oder deutsch gesprochen werden muß), und sie hätten ganz plötzlich vorübergehend ihre Sprechfähigkeit verloren. Sie wollen (oder müssen) jedoch dem Empfangschef verschiedene Dinge mitteilen und sind nun gezwungen, sich mit Hilfe von Gesten zu verständigen. Natürlich können sie alle Kommentare, Fragen und Antworten des Empfangschefs verstehen, aber sie können selbst nicht sprechen.

Bei den ersten Spielversuchen sollte der Lehrer (oder ein besonders geeigneter Schüler) die Rolle des Empfangschefs übernehmen; er sollte jedoch von Anfang an die Klasse dazu animieren, ihm dabei behilflich zu sein, die Wünsche des „sprachlosen" Gastes zu identifizieren. Einige Anregungen dazu finden sich in der „Vorschlagsliste" (Seite 87ff).

Sobald die Schüler verstanden haben, worum es geht, kann man sie in größere Gruppen aufteilen (je fünf bis sieben Schüler). Jedes Gruppenmitglied erhält einen Zettel, auf dem vermerkt ist, was es braucht oder gerne haben möchte. Beispiel: „Ich kann den Warmwasserhahn in meinem Zimmer nicht zudrehen. Können Sie schnell jemanden schicken?" Die verschiedenen Wünsche müssen dem Empfangschef – ohne dabei zu sprechen – übermittelt werden, und alle Mitglieder der Gruppe müssen jeweils raten, worum es geht. Darum ist es wichtig, daß jede Gruppe in einem offenen Halbkreis sitzt; an seinem oberen, offenen Ende sitzen der Gast und der Empfangschef – sie müssen von allen anderen Gruppenmitgliedern gesehen werden können. Der Spielleiter muß das Geschehen ständig aufmerksam verfolgen, weil die Schüler nicht lange nachdenken, sondern schnell reagieren sollen. Darum sollten die Zettel mit den Anweisungen immer erst dann ausgegeben werden, wenn ein Wunsch erraten worden ist und die Gruppe den nächsten „Gast" empfangen kann.

Die Hinweise in der „Vorschlagsliste" enthalten lediglich einige wenige Anregungen. Jeder Lehrer kann die Liste ohne größere Schwierigkeiten selbst erweitern; dabei sollte man auch daran denken, einzelne passende Sätze aus dem jeweils benutzten Lehrbuch heranzuziehen, die dadurch – losgelöst von ihrem Kontext – eine neue Bedeutung erhalten könnten. Auf eines sollte man allerdings sehr genau achten: am schwierigsten sind die *Einzelheiten* zu erraten; sie sind unterrichtlich jedoch am ergiebigsten, weil sich die sprachliche Arbeit auf sie konzentrieren kann. Wenn ein Schüler darum die Nachricht „Ich habe einen kleinen hellbraunen Dackel verloren; sein Name steht auf dem Halsband" zu übermitteln hat, darf man sich nicht damit zufrieden geben, wenn der Empfangschef lediglich herausfindet, es sei ein Hund verlorengegangen.

Um diese Übung gezielt durchspielen zu können, müssen die Schüler auch lernen, wie man eine Nachricht kurz zusammenfaßt, nachdem man sie verstanden zu haben glaubt. Diese Aufgabe fällt dem Empfangschef zu, der z.B. sagen sollte: „So, du hast/Sie haben also einen kleinen hellbraunen Dackel verloren" oder „Aha, Sie suchen also ..."

Am Ende eines jeden Spielvorgangs liest der Gast jeweils die Nachricht auf seinem Zettel wortwörtlich vor. Auf diese Weise erfahren die Schüler, ob und wie gut es gelungen ist, die ursprüngliche Nachricht zu übermitteln.

Anmerkungen und Spielvariante

Dieses Spiel kann man auf die Bedürfnisse unterschiedlicher Altersgruppen und Lernniveaus abstimmen. Dafür sind jedoch gewisse Änderungen notwendig. Bei jüngeren Schülern dürfte es z.B. angebracht sein, die Ausgangssituation zu verändern, damit die Spielhandlungen leichter erkennbar werden. An die Stelle des Empfangschefs könnte z.B. ein Polizist treten, dem – mit Gesten – Fragen gestellt werden, oder der Leiter eines Sommerlagers, dem Mitteilungen zu überbringen sind. Unabhängig von der Situation bleibt das Ablaufmuster der sprachlichen Arbeit immer gleich: ein Schüler überträgt eine Nachricht in der 1. Person („Ich möchte gern Briefmarken für einen Brief nach Finnland") in entsprechende Gesten, und ihm werden Fragen in der 2. Person gestellt („Aha, du willst/Sie wollen einen Brief abschicken?"). Viele dieser Fragen werden notwendigerweise die Form von Aussagesätzen haben, die als Fragen intoniert werden; das gehört im Deutschen, Englischen und Französischen zu den normalen umgangssprachlichen Gewohnheiten und sollte darum nicht als „falsch" empfunden werden. Wer im Englischen auf die Umschreibung der Frage mit *to do* Wert legt, sollte dies in einem anderen Zusammenhang aufgreifen und einüben.

Wenn man bei diesem Spiel genau zuhört, wird man feststellen, daß viele Wiederholungen auftreten. Der Inhalt, um den es jeweils geht, wird wie im folgenden Beispiel stufenweise entwickelt:

Briefmarken?
Du willst einen Brief abschicken?
Du hast einen Brief geschrieben?
Du willst einen Brief schreiben? Nein? Hast du einen Brief geschrieben?
Gut, wohin soll er gehen?
Weit weg?
China?
Skandinavien? Aha, Finnland.
Aha, du willst also Briefmarken für einen Brief nach Finnland?

Diese Fragen können in Kursen für Erwachsene oder im Hinblick auf die Simulation einer Realsituation natürlich auch in der höflichen „Sie"-Form gestellt werden:

Sie wollen einen Brief abschicken?
Sie haben einen Brief geschrieben? usw.

Stamps?
You want to post a letter?
You've written a letter?
You want to write a letter? No?
Have you written a letter?
Well, where do you want to send it?
Far away?
China?
Scandinavia? Ah, Finland.
So, you want stamps for a letter to Finland?

Des timbres?
Tu veux poster une lettre?
Tu as écrit une lettre? Non?
Est-ce que tu as écrit une lettre?
Bon, où veux-tu l'envoyer?
Loin d'ici?
En Chine?
En Scandinavie? Ah, en Finlande!
Alors, tu veux des timbres pour une lettre que tu veux envoyer en Finlande?

Wenn die Schüler den Handlungsablauf erst einmal verstanden haben, kann man sie ruhig unbeaufsichtigt spielen lassen. In aller Regel haben sie selbst genug eigene Ideen, um das Spiel interessant und abwechselungsreich zu gestalten.

Vorschlagsliste

Ich habe meinen Hund verloren. Es ist ein kleiner brauner Pekinese mit schwarzen Augen und einem Ringelschwanz. Haben Sie ihn gesehen?
Ich habe meinen Schlüssel im Zimmer gelassen und die Tür zugemacht. Haben Sie einen Ersatzschlüssel?
Ich möchte mein Zimmer wechseln; es ist zu laut. Kann ich ein Zimmer mit Blick auf den Park haben?
Mit meiner Rechnung stimmt etwas nicht. Ich soll zweimal Frühstück bezahlen, aber ich habe nur ein Frühstück gehabt.

87

Mein Ring ist in den Wasserablauf gefallen. Kann jemand kommen und ihn rausholen?

Kann ich bitte ein Ferngespräch nach Venedig für 22.00 Uhr heute abend anmelden?

Der Aufzug geht/fährt nicht.

Können Sie bitte zwei Whisky und eine Flasche Sodawasser auf Zimmer 309 bringen (lassen)?

Unser Zimmer ist sehr kalt. Können wir bitte eine extra Decke haben?

Gibt es in London ein türkisches Bad?

Kann ich mein Frühstück morgen früh bitte auf mein Zimmer bekommen?

Um 12.00 Uhr soll ich hier einen Mann treffen. Er ist klein, dick, hat eine Glatze und (trägt) einen roten Bart. Haben Sie ihn gesehen?

Ich kann den Warmwasserhahn/das warme Wasser in meinem Zimmer nicht zudrehen/abdrehen. Können Sie schnell jemanden schicken?

Wieviel kostet ein Brief nach Rußland?

Mein Mann hat einen schlimmen/furchtbaren Kater. Kann ich eine Tablette haben?

Gibt es hier einen Fernsehraum?

Ich möchte morgen früh gern um 6.45 Uhr geweckt werden.

Kann ich hier Geld (Dollars/D-Mark/...) wechseln?

I've lost my dog! He's a little brown Pekinese with black eyes and a curly tail. Have you seen him?

I've locked myself out of my room. Have you got a spare key?

I'd like to change my room, it's too noisy. Could I have one with a view of the park?

There's something wrong with my bill. I've been charged for two breakfasts, and I only had one.

I've dropped my wedding-ring down the plug-hole. Can somebody come and get it out?

Please could you book me a long-distance phone-call to Venice for 22.00 this evening?

The lift doesn't work.

Could you send up 2 whiskies and a bottle of soda to room number 309?

It's very cold in our room. Could we have an extra blanket, please?

Is there a Turkish bath in London?

Please can I have breakfast in bed tomorrow morning?

I'm supposed to be meeting a man here at 12.00. He's short, fat, and balding, and has a red beard. Have you seen him?

I can't turn the hot water off in my room. Can you come quickly?

What's the postage for a letter to Russia?

My husband's got a terrible hangover. Could you give me some Alka Seltzer?

Is there a TV room here?

I'd like to be woken at 6.45 tomorrow.

Can I change dollars here?

J'ai perdu mon chien! C'est un petit pékinois brun aux yeux noirs, avec une queue en tire-bouchon. Est-ce que vous l'avez vu?

J'ai fermé la porte de ma chambre en laissant la clé à l'intérieur. Est-ce que vous avez un double?

Je veux changer de chambre, c'est trop bruyant. Puis-je en avoir une qui donne sur le parc?

Il y a une erreur sur ma note. On m'a compté deux petits déjeuners et je n'en ai pris qu'un.

J'ai fait tomber mon alliance dans le siphon du lavabo. Est-ce que quelqu'un pourrait venir me la récupérer?

Pourriez-vous, s'il vous plaît, me commander un appel téléphonique pour Venise, pour ce soir à 22 heures?

L'ascenseur ne fonctionne pas.

Pourriez-vous faire envoyer deux whisky et une bouteille de soda à la chambre 309?

Il fait très froid dans notre chambre. Est-ce que nous pourrions avoir une couverture supplémentaire?

Est-ce qu'il y a un bain turc à Londres?

Est-ce qu'on pourrait me servir le petit déjeuner au lit, demain matin?

J'ai rendez-vous ici, à 12 heures, avec un homme. Il est petit, gros, chauve et il porte une barbe rousse. Est-ce que vous l'avez vu?

Je ne peux plus fermer le robinet d'eau chaude, dans ma chambre. Est-ce que vous pourriez venir rapidement?

Il faut mettre un timbre à combien sur une lettre pour la Russie?

Mon mari est pris d'une terrible nausée. Pourriez-vous me donner un Alka-Seltzer?

Est-ce qu'il y a une salle de télévison, ici?

J'aimerais qu'on me réveille demain matin à 6 heures 45.

Est-ce que je peux changer des dollars ici?

2.10 Wer klopft denn da?

Durchführung

Ein Schüler verläßt den Klassenraum. Er muß festlegen, *wer* er sein will, zu welcher *Tageszeit* er auftritt und wie das *Wetter* ist. Diese drei Informationen soll er dann durch Klopfen an der Klassentür – soweit das möglich ist und so gut er das kann – übermitteln. Die Schüler in der Klasse versuchen, aus der Art des Klopfens den Kontext der Situation zu erschließen. Wenn sie zwei oder drei mögliche Lösungen gefunden haben, kann der Schüler wieder in den Klassenraum zurückkommen. Er hört sich die verschiedenen Interpretationen an. Wenn keine davon zutrifft, sollte er versuchen, die Klasse durch Fragen auf die richtige Lösung zu bringen. Auch ihm selbst dürfen Fragen gestellt werden.

Anmerkungen

Mit dieser Übung kann man eine Klasse gut auf szenische Spiele „einstimmen"; sie aktiviert die Schüler und regt ihre Phantasie an. In sprachlicher Hinsicht geht es – wie auch schon bei anderen Übungen – um Äußerungen, in denen sich Neugier und *echtes* Interesse an der Sache widerspiegeln; mit ihren Fragen wollen die Schüler nämlich *wirklich* wissen, ob ihre Vermutungen richtig oder falsch sind (vgl. hierzu auch *Gegenstände erraten,* Seite 59, und *Wer bin ich? Wo bin ich? Was mache ich?* Seite 64).

2.11 Spiel mit Lauten

Durchführung

Erster Durchgang. Die Schüler stellen sich in einem großen Kreis auf. Im Chor wird geübt, Laute zu produzieren, z.B.

Aaaaah! (Überraschung und Freude)
Ohhhh! (Enttäuschung, wenn etwas nicht gelungen ist)
Mmmmm (anerkennende Zustimmung, wenn einem etwas gefällt)
Aââââ (gelangweiltes Gähnen)
Oh-oh-oh (lange anhaltendes Stöhnen vor Schmerz)
Ah-hâh („ich verstehe")

Zweiter Durchgang. Man gibt den Schülern ein Wort vor, z.B. *Nein* oder *Tag!* oder *Wirklich? – No. Hello. Really? – Non. Salut. Vraiment?* Dann löst sich der Klassenverband auf. Die Schüler suchen sich nacheinander mehrere Partner und tragen ihnen das vereinbarte Wort vor – und zwar jeder anders, je nachdem, in welchen (gedachten) Zusammenhang es gestellt wird. So kann *Nein* z.B. ein erschreckter Ausruf sein, wenn jemand etwas Heißes anfassen will, oder aber ein striktes und endgültiges Verbot, nachdem ein Kind zum drittenmal gefragt hat, ob es fernsehen darf. Die Schüler sollen herauszufinden versuchen, in welchem Zusammenhang die Wörter jeweils geäußert worden sein könnten.

Anmerkungen

Hauptzweck dieser Übung ist es, den Schülern Gelegenheit zu geben, sich einmal ein wenig zu entspannen und dabei die vielfältigen Ausdrucksmöglichkeiten kennenzulernen. die sie mit Hilfe ihrer Stimmbänder realisieren können.

2.12 Bilder

Durchführung

Die Klasse wird in Gruppen zu je fünf bis sechs Schülern aufgeteilt. Es ist darauf zu achten, daß die Gesamtzahl der Gruppen durch zwei teilbar ist, weil im späteren Verlauf der Übung jeweils zwei Gruppen zusammenarbeiten müssen. Jede Gruppe erhält mehrere Bilder (für jedes Gruppenmitglied ein Bild). Alle Bilder sollten ein besonders auffälliges Motiv oder Merkmal enthalten. Man gibt den Schülern (nicht mehr als) fünf Minuten Zeit, die Bilder eingehend zu betrachten. Sie können sich frei und spontan dazu äußern und auch mit ihren Gruppenmitgliedern über Einzelheiten diskutieren, z.B. welchen Eindruck eine abgebildete Person macht, wo ein Bild aufgenommen worden sein könnte oder wofür sie einen schlecht erkennbaren Gegenstand halten.

Nach fünf Minuten werden die Bilder umgedreht. Jede Gruppe schreibt jetzt zu jedem Bild alle Einzelheiten auf. an die sich die Gruppenmitglieder erinnern können. Dazu gibt man ihnen wiederum fünf Minuten Zeit. Die Zusammenstellung der Einzelheiten zu einer Liste (Stichwörter genügen) ist ein Auftrag an die *Gruppe;* die Schüler sollen darum gemeinsam – und nicht jeder für sich – arbeiten.

Danach wählt sich jede Gruppe eine andere Gruppe zur Zusammenarbeit aus. Diese Gruppen tauschen ihre Bilder aus. Gruppe A hat nun die Bilder von Gruppe B – und umgekehrt. Die Mitglieder der Gruppe B beschreiben (unter Zuhilfenahme ihrer Aufzeichnungen) ihre ursprünglichen Bilder den Mitgliedern der Gruppe A; Gruppe A stellte Gegenfragen zu Einzelheiten („Du sagst, daß

leere Flaschen auf dem Tisch stehen. Wie viele?"). Wenn die Bilder der Gruppe B besprochen worden sind, tauschen die Gruppen ihre Rollen, d.h. Gruppe A beschreibt jetzt ihre Bilder und wird von Gruppe B befragt.

Anmerkungen

Dies ist sowohl eine Beobachtungs- als auch eine Gedächtnisübung. Sie ist nicht leicht. Beim Betrachten der Bilder geht es zunächst um das genaue Hinsehen und um das Erkennen von Einzelheiten; diese Ziele sind bereits in vorangegangenen Übungen verfolgt worden. Die Schüler müssen sich auf Details konzentrieren und versuchen, sie in Erinnerung zu behalten. In sprachlicher Hinsicht wird während dieser Zeit von den Schülern so gut wie nichts verlangt.

Beim zweiten Arbeitsschritt besteht die Tendenz, daß alle auf einmal sprechen wollen. Hier bietet es sich an, daß ein Gruppenmitglied Stichwörter notiert; auf

92

diese Weise bleiben abwegige Vorschläge von vornherein unberücksichtigt. Unterschiedliche Meinungen sollten jedoch nicht unterdrückt werden; wenn zwei verschiedene Ansichten ernsthaft vertreten werden. sollte man sie beide schriftlich festhalten. Wird die Gruppe dann später über ihre Bilder befragt, wird die „Wahrheit" vor dem Hintergrund einer kontrovers geführten Diskussion um so spannender erwartet werden. Mit dem zweiten Arbeitsschritt wird vor allem der Zweck verfolgt, *alle* Gruppenmitglieder zu veranlassen, sich bei der Arbeit an einer gemeinsamen Aufgabenstellung auch gemeinsam zu beteiligen. Dabei kommen wichtige sprachliche Strategien wie *überreden, höflich widersprechen, herausfordern, überprüfen* und *sich korrigieren* ins Spiel.

Im dritten Arbeitsschritt werden die besprochenen Bildinhalte in eine andere Perspektive gerückt. Sie werden jetzt mit mehr Abstand – gleichsam aus der Ferne – betrachtet: es wird über sie berichtet. Zunächst werden viele *Wiederholungen* auftreten. dann werden *Korrekturen* vorgenommen (vor allem, wenn durch die Fragen der anderen Gruppe Meinungsunterschiede auftauchen), und schließlich werden exakte *Definitionen* gegeben. So könnte sich z.B. Gruppe B nicht mit der Aussage zufriedengeben wollen: *Er stand auf einer Bohle. – He was standing on a plank. – Il se tenait debout sur une planche.*

B: Stand?
A: Ja.
B: Mit beiden Beinen?
A: Nein, nur mit einem.

B: Standing?
A: Yes.
B: On both legs?
A: Oh no, only on one.

B: Debout?
A: Oui.
B: Sur ses deux jambes?
A: Non, sur une seule.

Gruppe B ist also genauso aktiv wie Gruppe A, nur wird sich ihre sprachliche Arbeit vornehmlich auf Fragen und Herausforderungen konzentrieren, während die Sprache der Gruppe A eher beschreibend und berichtend ausfällt, z.B.

A: Sie ist ärgerlich.
B: Warum ist sie ärgerlich?
A: Weil sie warten mußte.
B: Ist sie wirklich ärgerlich und nicht ungeduldig?

A: She looks angry.
B: Why does she look angry?
A: Because she has been kept waiting.
B: Are you sure she's angry, not impatient?

A: Elle a l'air en colère.
B: Pourquoi est-ce qu'elle est en colère?
A: Parce qu'elle a attendu longtemps.
B: Est-ce que vous êtes sûrs qu'elle est en colère et pas impatiente, seulement?

2.13 Das verdeckte Tablett

Durchführung

Man stellt eine Reihe unterschiedlicher Gegenstände zusammen – insgesamt etwa 15, z.B. eine Zahnbürste, eine Glühbirne, einen Schraubenzieher, eine benutzte Fahrkarte, einen ausländischen Geldschein, einen Kugelschreiber, usw. Wenn mehr als 18 Schüler in der Klasse sind, muß man zwei solcher Sammlungen vorbereiten. Einige Gegenstände sollten nach Möglichkeit (in jeder Sammlung) doppelt vertreten sein.

Die Gegenstände werden auf ein Tablett (oder auf einen Tisch) gelegt, so daß jeder sie sehen kann; in größeren Klassen braucht man zwei Tabletts bzw. Tische. Dann dürfen die Schüler die Gegenstände (nicht länger als) drei Minuten lang betrachten. Danach gehen sie an ihre Plätze zurück und schreiben auf, woran sie sich erinnern können. Während sie schreiben, werden die Gegenstände zugedeckt. Nach einer Weile wird den meisten Schülern nichts mehr einfallen; da sich normalerweise ohnehin nicht mehr als nur zwei oder drei Schüler an *sämtliche* Gegenstände erinnern, ist es ratsam, das Aufschreiben zu beenden, solange sie sich noch zu erinnern versuchen. Jetzt werden die Schüler einzeln nacheinander aufgefordert, Gegenstände zu nennen, die sie aufgeschrieben haben. Auf diese Weise wird in *mündlicher* Arbeit eine vollständige Liste sämtlicher Gegenstände zusammengestellt. Anschließend werden die Gegenstände wieder aufgedeckt, und das Ergebnis der gemeinsamen Arbeit wird überprüft.

Bei einem zweiten Spieldurchgang werden die Schüler aufgefordert. sich die Gegenstände so genau wie möglich anzuschauen, wobei sie auf Einzelheiten wie Größe, Form und Farbe achten sollen. Wiederum werden die Gegenstände zugedeckt, aber diesmal sollen die Schüler ihre Listen nicht jeder für sich, sondern gemeinsam mit einem Partner aufstellen. Die Listen des ersten

Spieldurchgangs dürfen dabei nicht herangezogen werden. Während die Schüler mit ihren Zusammenstellungen beschäftigt sind, nimmt der Lehrer einige Veränderungen vor: ein kleines Auto wird durch ein größeres ersetzt, eine Zigarettenschachtel wird mit einer anderen ausgetauscht, das Preissschild an einer Zahnbürste wird entfernt, usw. Wenn die Schüler ihre Listen abgeschlossen haben, kann die Diskussion beginnen. Gewöhnlich ergeben sich heftige Auseinandersetzungen über *Größe* und *Farbe.* Hier kann man helfend eingreifen, indem man sich Definitionen in *relativer* Hinsicht geben läßt – das Stück Seife ist ein klein wenig größer als die Streichholzschachtel; die Fahrkarte ist genauso grün wie das Taschentuch. Derartige Vergleiche erleichtern es, die Ergebnisse am Ende zu überprüfen. Nachdem die Gegenstände (die bis dahin nicht gesehen werden dürfen) diskutiert worden sind, werden sie aufgedeckt. Die Schüler werden die Veränderungen, die inzwischen vorgenommen worden sind, zunächst vielleicht nicht gleich wahrnehmen. Sehr bald aber werden sie Einwände erheben: *Moment mal, wo ist denn das Taschenmesser? Wo ist denn das Schlüsselbund geblieben? – Hey, where's the pen-knife? What's happened to the key-ring? – Hé! Mais où est le taille-crayon? Qu'est-ce qui est arrivé au porte-clés?*

Spielvariante

Eine Erweiterung dieses Spiels wird mit *Detektive bei der Arbeit* (Seite 117) und mit *Das verdeckte Tablett – für Fortgeschrittene* (Seite 153) vorgeschlagen.

Anmerkungen

Eine Sammlung von Gebrauchsgegenständen des täglichen Bedarfs ist an sich völlig uninteressant. Wir haben jedoch schon bei vorangegangenen Übungen gesehen, daß Alltägliches und Bekanntes sehr reizvoll werden kann, wenn man es vorübergehend einfach einmal verschwinden läßt. Beim Spiel *Das verdeckte Tablett* bleiben Engagement und Motivation der Schüler über einen relativ langen Zeitraum erhalten. Man kann sich also für die Durchführung der Übung Zeit nehmen, ohne befürchten zu müssen, daß das Interesse nachläßt. Auch die Schüler sollten – vor allem beim zweiten Spieldurchgang – nicht das Gefühl haben, sie stünden unter Zeitdruck, wenn sie versuchen, sich an Einzelheiten in Verbindung mit bestimmten Gegenständen zu erinnern.

Sprachlich geht es in erster Linie um die Wiederholung von Substantiven, d.h. um die Benennung der Gegenstände, die auf dem Tablett bzw. auf dem Tisch liegen. Für die Besprechung der Einzelheiten müssen ein paar Adjektive bekannt sein, und die Schüler sollten einige Strukturen des Vergleichs und des Kontrasts sowie den Komparativ kennen. Ist ihnen einmal ein Wort unbekannt, sollte man sie dazu ermuntern, es zu umschreiben. Vermutlich aber werden sie alle Wörter, die sie wissen wollen, beim Listenvergleich der Gruppen erfahren; wenn nicht, werden sie sich an den Lehrer wenden, der ihnen dann das erbetene Wort direkt nennen oder sie veranlassen kann, es – wenn möglich – zu erschließen.

2.14 Das gespielte Alphabet

Durchführung

Erster Durchgang. Die Klasse sitzt in einem großen Kreis. Die Schüler werden aufgefordert, das Alphabet – auf deutsch, englisch oder französisch – aufzusagen, und zwar jeder Schüler nacheinander einen Buchstaben. Auch gute Schüler werden sich dabei versprechen und Fehler machen; darum sollte man die Anweisung geben, immer genau auf den Nachbarn zu hören und denjenigen Buchstaben zu sagen, der jeweils folgt, auch wenn der Nachbar sich geirrt hat. Auf diese Weise spielt man das Alphabet zwei- bis dreimal durch – jedes Mal ein wenig schneller. Um für Abwechselung zu sorgen, kann man die Buchstaben auch einmal flüstern oder laut schreiend vortragen lassen, oder aber man wechselt die Tonstärke von Buchstabe zu Buchstabe: A (leise), B (laut), C (leise), usw.

Zweiter Durchgang. Jetzt werden die Buchstaben jeweils in einer besonderen Ausdrucksweise vorgetragen – A = freundlich; B = kalt und abweisend; C = sarkastisch; D = gelangweilt, usw. Beim ersten Mal kann der Lehrer noch entsprechende Vorschläge machen; danach sollte es den Schülern überlassen bleiben, welche gefühlsmäßige Variante sie mit den Buchstaben verbinden wollen. Aufgabe der Klassenkameraden ist es dann, die mit den Buchstaben jeweils verbundenen Stimmungen zu erraten.

Als nächstes werden die Schüler aufgefordert, mit den Buchstaben des Alphabets Fragen und Antworten zu simulieren: ein Schüler intoniert den Buchstaben A in Form einer Frage (A?), und sein Nachbar antwortet ihm entweder mit B^1 (voll zustimmend) oder mit B^2 (zögernde Zustimmung), je nachdem, welche Interpretation er der Art der Fragestellung gegeben hat. Gelegentlich – aber nicht zu oft – sollte man das Spiel unterbrechen und sich von den Schülern sagen lassen, an welche inhaltliche Fragestellung sie konkret gedacht haben, als sie ihre Antworten intonierten.

Dritter Durchgang. Die Schüler buchstabieren ihre Namen. Dabei sollen sie an einen bestimmten Grund denken, warum sie dies tun – etwa während eines Telephongesprächs mit einer Theaterkasse, bei der sie Karten vorbestellen.

Anmerkungen

Bei dieser Übung sind Intonation und bewußtes Sprechen wichtig. Die Schüler sollen dazu gebracht werden, ihre *stimmlichen Möglichkeiten gezielt einzusetzen,* denn viele unter ihnen neigen dazu, in Gegenwart anderer undeutlich, murmelnd oder „nuschelnd" zu sprechen. Man sollte sie jedoch keinesfalls auf den eigentlichen Zweck der Übung hinweisen. *Das gespielte Alphabet* wird als ein Spiel durchgeführt; das sprachliche Anliegen der drei Spieldurchgänge wird nicht erläutert.

2.15 Dialoge deuten

Durchführung

Man gibt den Schülern einen kurzen Satz vor, z.B. *Wo willst du denn hin?* Über diesen Satz sollen sie eine Weile nachdenken und sich dabei vorstellen, wer ihn – und aus welchem Grund – gesagt haben könnte. Wenn sie sich für eine Person in einer bestimmten Situation entschieden haben. gehen sie in der Klasse herum und tragen den Satz in der entsprechenden Deutung anderen Schülern vor; sie hören sich die Versionen der anderen an und kommentieren gegenseitig ihre Interpretationen.

Während sie dies tun, schreibt der Lehrer einen kurzen Dialog an die Tafel (oder bereitet eine Folie für den Tageslichtprojektor vor); dieser Dialog sollte nach Möglichkeit auf unterschiedliche Weise vorgetragen werden können:

A: Jemand wollte dich sprechen.
B: So. Wann?
A: Als du weg warst.
B: Was wollte er denn?
A: Das hat er nicht gesagt.

A: A man came to see you.
B: Oh? When?
A: While you were out.
B: What did he want?
A: He didn't say.

A: Quelqu'un est venu vous voir.
B: Ah? Quand?
A: Pendant que vous étiez sorti.
B: Qu'est-ce qu'il voulait?
A: Il ne me l'a pas dit.

Jeder Schüler sucht sich einen Partner. Gemeinsam versuchen sie, sich eine mögliche Situation vorzustellen, in die der Kurzdialog passen könnte – wer die Gesprächspartner sein könnten und in welchem Zusammenhang die Äußerungen möglicherweise gemacht worden sind. Wenn sie sich geeinigt haben, probieren sie den Dialog aus; sie können, falls nötig, einige Zeilen am Anfang oder am Ende hinzufügen, dürfen den vorgegebenen Hauptteil jedoch nicht ändern. Dann tragen sie ihre Deutung anderen Schülerpaaren vor, die versuchen müssen, den Kontext des Dialogs soweit wie möglich zu rekonstruieren.

Spielvariante

Man stellt die Aufgabe, einen vorgegebenen Kurzdialog zu erweitern. Die Schüler sollen sich darüber Gedanken machen, was unmittelbar vorher oder nachher gesagt worden sein könnte. Auf diese Weise entstehen neue, längere Dialoge, und das Ausgangsmaterial – das jetzt auch leicht verändert werden darf – wird Teil eines größeren Zusammenhangs. Vgl. dazu die Vorschläge unter „Dialoganfänge".

Anmerkungen

Bereits zu Beginn dieser Übung wird den Schülern deutlich, daß die inhaltliche Aussage eines Satzes nur teilweise von den Wörtern bestimmt wird, die in ihm auftreten. Sobald sie beginnen, mit einem Partner zusammenzuarbeiten, wird ihnen vollends klar, welche Bedeutung die Intonation, die Betonung, die Lautstärke, der Gesichtsausdruck, die Körperbewegungen und die Ausstrahlungskraft eines Gesprächspartners für den inhaltlichen Aussagewert einer Äußerung haben.

Die meisten Dialoge in vielen Lehrbüchern lassen immer nur *eine* Deutung zu – die „richtige". In dieser Übung ist die einzig richtige Interpretation allein diejenige, die dem Dialog von den Schülern selbst gegeben wird.

Dialoganfänge

A: Und genau das habe ich ihm gesagt.
B: Das hast du gut gemacht.

A: Da bin ich aber wirklich überrascht!
B: Ja, das dachte ich mir.
A: Aber was machen sie denn jetzt?

A: Was, so viel? Das lohnt sich doch garnicht.
B: Naja, du kennst sie ja. Wenn sie sich einmal etwas in den Kopf gesetzt hat ...

98

A: Mehr kann ich dazu wirklich nicht mehr sagen.
B: Hmm. Du hast es sicherlich nicht leicht gehabt.
A: Nicht leicht?

A: And that's what I told him.
B: That was brave of you.

A: Well I must say I *am* surprised!
B: Yes, I thought you would be.
A: But what are they going to do about it?

A: As much as that? But was it worth it?
B: Well, you know her as well as I do. Once she's made up her mind ...

A: Well after that, what more could I say?
B: Mm. I can see it must have been difficult for you.
A: Difficult!

A: C'est ce que je lui ai dit.
B: Vous avez bien fait.

A: Là, j'avoue que je suis étonné.
B: Oui, je le pensais bien.
A: Mais, qu'est-ce qu'ils vont faire maintenant?

A: Autant que ça? Mais, est-ce que ça en valait la peine?
B: Tu la connais aussi bien que moi, quand elle s'est mis quelque chose en tête ...

A: Après cela, qu'est-ce que je pouvais dire de plus?
B: Mm. Je veux bien croire que ça n'a pas été facile pour vous.
A: Non, vraiment pas!

2.16 Ergänzungen finden

Durchführung

Erster Durchgang. Man bereitet mehrere Kurzkonversationen vor, die jeweils aus einer Frage bzw. Aussage und aus einer Antwort bzw. Reaktion bestehen; die Antworten sollten kurz, exakt, gleichzeitig aber mehrdeutig sein:

A: Verflixt nochmal, wo ist denn meine Zahnbürste?
B: Woher soll ich denn das wissen?

A: Ich bin gerade aus Paris zurückgekommen.
B: Ach ja, wirklich?

A: Where the hell's my toothbrush?
B: How should I know!

A: I've just got back from Paris.
B: Oh, have you?

A: Où a bien pu passer c'te fichue brosse à dents?
B: Ça, je ne vois pas comment je pourrais le savoir!

A: Je rentre à l'instant de Paris.
B: Ah oui?

Die Schüler erhalten Zettel, auf denen jeweils eine Zeile dieser Kurzdialoge aufgeschrieben ist. Diese Zeile sollen sie sich einprägen und auswendig aufsagen können. Danach werden sie aufgefordert, in der Klasse herumzugehen und sich die Dialogteile ihrer Mitschüler sagen zu lassen, um herauszufinden, ob irgendeiner dieser Sätze zu ihrem eigenen Satz passen *könnte*. Selbst dann, wenn sie glauben, den richtigen Ergänzungssatz entdeckt zu haben, sollten sie trotzdem weiterfragen, bis sie mit sämtlichen Klassenkameraden gesprochen haben.

Danach setzen sich die Schüler in einem großen Kreis zusammen. Der Lehrer fragt, ob jemand *keinen* Satz gefunden hat, der zu seinem eigenen paßt. In der Regel wird das bei drei oder vier Schülern der Fall sein. Diese Schüler fordert man auf, ihre Sätze vorzutragen (nicht abzulesen), und jeder, der glaubt, eine passende Ergänzung anbieten zu können, sollte sich melden. Wenn man auf diesem Wege annehmbare Kurzdialoge zusammengestellt hat, sollten sich die Schüler dazu äußern, *wo* und *warum* die kurzen Gespräche jeweils stattgefunden haben könnten. Anregungen für mögliche Kurzdialoge werden in der „Vorschlagsliste" gegeben.

Zweiter Durchgang. Die gleiche Übung kann man auch mit *Zeitungsberichten* durchführen. Man wählt einige kurze Artikel oder Nachrichten aus; die Überschrift wird jeweils abgeschnitten (auf der Rückseite sollte man jedoch vermerken, zu welchem Beitrag sie gehört). Die Überschriften und die Artikel werden gemischt, und jeder Schüler erhält entweder eine Überschrift oder einen Artikel. Zunächst sollen sie sich darüber Gedanken machen, was wohl in einem Beitrag stehen *könnte,* der zu ihrer Überschrift paßt, bzw. welche Überschrift *möglicherweise* für einen Artikel oder für eine Nachricht angebracht wäre. Dann gehen sie in der Klasse herum und sagen ihren Mitschülern, wie ihre Überschrift lautet (wortwörtlich) bzw. worum es in ihrem Artikel geht (in Form einer kurzen Zusammenfassung). Sie merken sich diejenigen Mitschüler, deren Artikel oder Überschriften zu ihren eigenen Entsprechungen passen könnten.

Danach wird ein gemeinsames Abschlußgespräch geführt. Dafür sollte man sich – zumindest am Anfang – Zeit lassen. Die Schüler geben nacheinander ihre Überschriften bekannt und sagen, wie sie sich den dazugehörigen Beitrag vorstellen, und dann werden die anderen Schüler befragt, welchen Artikel *sie* wohl erwarten würden. Anschließend soll sich der Schüler melden, der glaubt, den entsprechenden Artikel für eine bestimmte Überschrift zu besitzen. Am Ende dieses Durchgangs, wenn die meisten Beiträge ihren Überschriften bereits zugeordnet sind, beginnt das Interesse der Schüler schnell nachzulassen; dann sollte man dafür sorgen, daß die Übung rasch zu Ende geführt wird.

Anmerkungen

Diese Übung ist nicht nur ein unterhaltsames Spiel, sondern gleichzeitig auch ein Test zur Überprüfung der spontanen Verstehensfähigkeit. Wenn die Schüler miteinander sprechen, haben sie vielerlei Aufgaben gleichzeitig zu erfüllen; sie müssen
- verschiedene Strukturen miteinander vergleichen und entscheiden, ob sie logisch (oder grammatisch) zueinander passen oder nicht;
- über einen möglichen Kontext für ihre schriftlichen Vorlagen nachdenken;
- ihre Intonation auf die Aussagen ihrer Partner abstimmen, um mögliche Entsprechungen erkennen zu können.

Allmählich wird ihnen dabei klar, daß Wörter nicht unbedingt immer nur *eine* Bedeutung zu haben brauchen – das gleiche Wort kann in unterschiedlichen Zusammenhängen inhaltlich jeweils etwas anderes vermitteln. Beim zweiten Spieldurchgang üben die Schüler spontanes Sprechen und Verstehen, ohne daß sie sich allerdings darüber bewußt sind. Mit anderen Worten: die Fremdsprache wird als vollwertiges Kommunikationsmittel eingesetzt, obwohl die Schüler nur über einen begrenzten Wortschatz und über wenig strukturelle Variationsmöglichkeiten verfügen.

Spielvariante

Mit fortgeschrittenen Klassen ist es möglich, den ersten Spieldurchgang zu erweitern: wenn ein Schüler einen Partner gefunden hat, dessen Dialogzeile zu seinem eigenen Satz paßt, fordert man sie auf, gemeinsam an einer Erweiterung ihres Kurzdialogs zu arbeiten – was könnte unmittelbar vorher, was danach gesagt worden sein? Vgl. hierzu die „Spielvariante" in *Dialoge deuten,* Seite 97.

Vorschlagsliste

Ich nehme dies hier.
Wirklich?

Kannst du am Sonntag für mich nach Kassel fahren?
Leider geht es meiner Frau nicht allzu gut ...

Mach dir keine Sorgen – es tut nicht weh.
Du hast gut reden!

Wo ist denn nun schon wieder meine Zahnbürste?
Natürlich da, wo sie immer ist.

Dich habe ich aber wirklich nicht erwartet!
Ich wüßte nicht, warum.

Wie hieß noch 'mal der Ort, wo wir angehalten haben?
Das ist doch gar nicht wichtig, oder?

Nein, der Schmerz zieht sich durch den ganzen Arm hindurch.
Gut, dann wollen wir mal sehen, was sich da machen läßt, ja?

Was höre ich da über Monika und dich?
Doch nicht jetzt, du Blödmann – später.

Ich hab's den ganzen Tag über versucht und komme nicht durch.
Ach ja, wirklich nicht?

Kann Christa vielleicht helfen?
Möglich.

Ich möchte den Zähler ablesen.
Ach so, ja ... kommen Sie 'rein.

Du kannst mir nicht 'mal 200 Mark leihen, oder?
Naja, das kommt drauf an ...

Du hast doch sicherlich keine 2000 Mark, die du mir leihen könntest?
Spaßvogel!

Wann bist du denn letzte Nacht nach Hause gekommen?
Was hat das denn mit dir zu tun?

Let me get this one.
Oh, are you sure?

Can you go to Edinburgh for me on Saturday?
My wife's not very well, I'm afraid.

Don't worry, it won't hurt.
That's what you say!

Where the hell's my toothbrush?
Where it usually is, of course.

I didn't expect to see you here.
I can't see why.

What was the name of that place where we stopped?
I don't think that's very important, is it?

No, it's a kind of pain that runs down my arm.
Well, we'll see if we can do something about that, eh?

What's all this I hear about you and Ann then?
Not now, you fool, later.

I've been trying all day but I just can't get through.
Can't you?

Any chance of Shirley helping?
She might.

I've come to read the meter.
Oh, I see, well ... er ... come in then.

You couldn't lend me £ 50, I suppose?
Well, it depends ...

You wouldn't be able to lend me £ 500, would you?
You must be joking.

What time did you come in last night?
What's that got to do with you?

Donne-moi celui-ci.
Ah bon, tu es sûr?

Peux-tu aller à Lille à ma place, dimanche?
Ma femme n'est pas très bien, je crains que non.

Ne t'en fais pas, cela ne te fera pas mal.
C'est toi qui le dis!

Où peut bien encore être c'te fichue brosse à dents?
Sûrement au même endroit que d'habitude.

Je ne pensais pas te trouver ici.
Je ne vois pas pourquoi.

Comment s'appelait cet endroit où nous nous sommes arrêtés?
Je ne pense pas que ce soit très important, si?

Non, c'est une douleur qui me descend jusque dans le bras.

Eh bien, nous allons voir si nous pouvons faire quelque chose contre.

Qu'est-ce que c'est alors, tout ce que j'ai entendu sur toi et Anne?
Espèce de fou, pas maintenant, plus tard!

J'ai essayé toute la journée, mais je n'y arrive pas.
Tu n'y arrives pas?

Est-ce qu'il n'y a aucune chance pour que Shirley t'aide?
Peut-être que si.

Je viens relever le compteur.
Ah oui, ... eh bien, entrez.

Tu ne pourrais pas me prêter 300 Francs, par hasard?
Eh bien, ça dépend ...

Tu n'aurais pas 3000 Francs à me prêter, hein?
C'est une plaisanterie?

A quelle heure est-ce que tu es rentré hier soir?
En quoi cela te concerne?

2.17 Telephongespräche

Durchführung

Man spielt den Schülern Tonaufzeichnungen von Telephongesprächen vor, bei denen nur ein Gesprächspartner zu hören ist. Vgl. dazu die „Vorschlagsliste".

Das Gespräch wird zweimal vorgespielt. Beim ersten Mal sollen die Schüler einfach nur zuhören. Beim zweiten Mal schreiben sie sich stichwortartig auf, was die Person am anderen Ende der Leitung wohl jeweils gesagt haben könnte. Wer möchte, kann den Text der Tonaufzeichnung auch an die Tafel schreiben, mit einem Tageslichtprojektor projizieren oder vervielfältigen und austeilen. Die Schüler können dann beim Zuhören mitlesen.

Danach sucht sich jeder Schüler einen Partner und erarbeitet mit ihm den vollständigen Text des Telephongesprächs; wenn sie wollen, können die Schüler das Gespräch auch (am Anfang und Ende) ergänzen. Für diese Partnerarbeit bietet es sich an, daß die Schüler Rücken an Rücken sitzen; so erhält die Übung einen realistischeren Anstrich. Wenn sie fertig sind, suchen sie sich eine andere Zweiergruppe. Sie tragen sich ihre Ausarbeitungen gegenseitig vor und kommentieren die Ergebnisse.

Ein typisches Beispiel für einen unvollständigen Gesprächstext:

... Nein, nein, nur kleine. ... Ach, dazu hatten wir eigentlich gar keine Zeit, und es hat ja auch immerzu geregnet. ... Nein, wir haben überhaupt keine Probleme gehabt. ... Hmm. ... Du, hör mal, ich möchte eigentlich gern wissen, ob deine Mutter was dagegen hat, wenn ich sie ihr heute Abend in die Wohnung bringe. ... Ach du liebe Güte! ... O nein nein nein, nicht wie letztes Mal, bestimmt nicht. ... Naja, das Badezimmer wäre ein idealer Ort. ... Ach so. ... Kann ich dann von dir die Schlüssel bekommen? ... Prima. ...

... Oh, no, just small ones. ... Well, we didn't have time really, and it *was* the rainy season. ... No, we had no trouble at all. ... Mmm. ... Listen, I was wondering if your mother would let me leave them in her flat this evening. ... Uh-huh. ... Oh, no, not like last time, I promise ... Well, the bathroom's the best place. ... I see. ... Then could I get the keys from you? ... Fine. ...

... Oh non, seulement quelques petits. ... Eh bien, nous n'avions pas vraiment le temps et c'était la saison des pluies. ... Non, n'avons pas eu du tout d'ennuis. ... Mmm. ... Ecoute, j'étais en train de me demander si ta mère me laisserait les mettre dans son appartement cette nuit. ... Hmm. ... Oh, non pas comme la dernière fois, je le promets. ... La salle de bain serait le meilleur endroit. ... Ah bon. ... Alors pourrais-tu me donner les clés? ... Parfait. ...

Anmerkungen

Mit Telefongesprächen kann man sehr gut in die „Kunst" des Improvisierens einführen. Gleichzeitig geben sie den Schülern Gelegenheit, ihre stimmlichen Möglichkeiten bewußt einzusetzen und beim Sprechen auf eine gute Aussprache zu achten – Fertigkeiten, auf die mit Lehrbuchübungen nur selten eingegangen wird.

Den Verlauf eines Telefongesprächs kann man – ebenso wie in der Wirklichkeit – vorher nie genau wissen, aber man kann ihn steuernd beeinflussen; so können auch die Schüler in dieser Übung sagen, was sie wollen, wobei sie jedoch gehalten sind, die bereits festliegenden Äußerungen zu berücksichtigen. Darum muß man bei der Erarbeitung dieser Übung sprachlich schnell reagieren; diese Fähigkeit sollte man intensiv einüben, wenn man lernen will, eine Sprache perfekt zu beherrschen.

Vorschlagsliste

... Es tut mir leid, aber er ist leider nicht da. ... Nein, ich weiß, das ist ärgerlich, aber er reist viel und ... Gut. Ich kann Sie natürlich mit seiner Mitarbeiterin verbinden. ... Ja, das versteh' ich, aber sie kennt alle Vorgänge. ... Ach so, das ist natürlich 'was anderes. Ich glaube nicht, daß sie darüber Bescheid weiß. ... Warum versuchen Sie es morgen nicht noch mal? Vielleicht schaut er für ein paar Minuten rein. ... Ich denke, so gegen 9. ... Ja, ich richte es ihm aus. ...

... Wer? ... Wirklich? Aber was hat *sie* denn da gemacht? ... Peter? Aber ich dachte, die hätten Schluß gemacht. ... Wie lange ist das denn her? ... In Spanien? Was die sich so alles leisten können! ... Naja, da haben sie aber tolles Glück gehabt. ... Was die „harte Arbeit" angeht, da bin ich nicht so sicher, aber immerhin ... Nein, natürlich ist mir das egal. Auf jeden Fall kannst du die liebe Julia schön von mir grüßen, wenn du sie siehst. ...

... Weißt du, ich würde schon gerne, aber ... Ja, ich weiß, das habe ich das letzte Mal auch gesagt, aber diesen Samstag muß ich wirklich hin. ... Sicher, wenn ich könnte, schon. ... Wer? ... Naja, ich kann dich natürlich nicht daran hindern, aber er ist nicht ... Ich habe dir schon mal gesagt, daß ich nicht kann. ... Na schön. Mach, was du für richtig hältst, aber du weißt ja, was ich von ihm halte. ... Hat er's diesmal gemacht? ...

... He's not in I'm afraid. ... No, I know it's a nuisance but he does travel a lot and ... Well. I could always put you through to his assistant. ... Yes, I quite understand, but she does know what's going on. ... Ah well, that's another matter of course. No, I doubt if she'd know about that. ... Why not try again tomorrow? He may pop in for a few minutes. ... About 9 o'clock I should think. ... Yes, I'll tell him. ...

... Who? ... Really? But what was *she* doing there? ... Peter? But I thought they'd broken up. ... How long ago was that then? ... In Spain? I wonder where some people find the money. ... Well that *was* lucky, wasn't it? ... I'm not so sure about the "hard work" part but anyway. ... No, of course I don't care. Anyway, do give dear Julia my love when you see her. ...

... You know I'd like to but ... Well I know that's what I said last time too but I have to go this Saturday. ... Well if I could, I would. ... Who? ... Well I can't stop you of course but he's not ... I've told you I can't. ... All right then. Do what you think best but you know what I think about him. ... Did he now? ...

... Il n'est pas là, je regrette. ... Non, je sais que c'est ennuyeux, mais il voyage beaucoup et ... Eh bien, je peux toujours vous mettre en rapport avec son assistante. ... Oui, je comprends très bien, mais elle connaît les dossiers. ... Ah bon, dans ce cas, c'est différent. Mais, je doute fort qu'elle soit au courant de cela. ... Ne pourriez-vous pas réessayer demain? Il se peut qu'il entre pour quelques minutes. ... Je dirais vers neuf heures. ... Oui, je le lui dirai. ...

... Qui? Vraiment? Mais qu'est-ce qu'elle faisait là? ... Pierre? Mais je croyais qu'ils avaient rompu. ... Il y a combien de temps de cela? ... En Espagne? Je me

106

demande où certaines personnes trouvent l'argent. ... C'était un coup de chance, n'est-ce pas? ... Je ne crois pas beaucoup à ce «travail acharné», mais cela ne fait rien. ... Non, bien sûr, cela ne me dérange pas. Mais qu'importe! Donne le bonjour à cette chère Julie, si tu la vois. ...

... Tu sais bien que j'aimerais beaucoup mais ... Je sais bien que c'est ce que j'ai déjà dit la dernière fois, mais je dois partir samedi. ... Evidemment, si je pouvais ... Qui? ... Eh bien, je ne peux pas t'en empêcher, mais il n'est pas ... Je t'ai dit que je ne pouvais pas. ... Très bien. Alors, fais ce que bon te semble, mais tu sais ce que je pense de lui. ... Est-ce qu'il le sait? ...

2.18 Variationen über ein Thema

Durchführung

Für diese Übung braucht man ein Tonbandgerät bzw. einen Kassettenrekorder. Wer die Tonmaterialien (für Englisch) nicht selbst zusammenstellen möchte, sei verwiesen auf:

A. Maley, A. Duff: *Variations on a theme.* Cambridge: University Press 1978.

Der Klasse werden einige kurze Dialoge vorgespielt, in denen das gleiche inhaltliche Anliegen auf unterschiedliche Weise versprachlicht wird, z.B. *etwas ablehnen* oder *sich für etwas begeistern.* Nachdem diese Dialoge zweimal gehört worden sind, werden Gruppen von je fünf bis sechs Schülern gebildet. In den Gruppen wird besprochen, *wer* die Dialogpartner gewesen sein könnten, *wo* sie möglicherweise miteinander gesprochen haben und *warum* sie wohl in die Gespräche verwickelt worden sind. Die Schüler sollen außerdem versuchen, sich darüber klarzuwerden, *worüber* gesprochen wird. Wenn sie sich einig geworden sind, löst sich die Gruppe auf; jeder Schüler sucht sich einen Partner aus einer anderen Gruppe. Mit diesem Partner *vergleichen* die Schüler ihre Interpretationen und einigen sich auf eine Deutung, die sie für angemessen halten (wobei es sich durchaus auch um eine neue, dritte Auslegung handeln kann). Gemeinsam arbeiten sie dann einen kleinen Sketch aus, in den das Anliegen der Ausgangsdialoge eingebaut werden muß. Wenn sie fertig sind, spielen sie diesen Sketch anderen Gruppen vor; die Aufführung wird diskutiert und kommentiert.

Anmerkungen

In diesem Spiel werden einige Fertigkeiten integriert, die in anderen Übungen bereits einzeln geübt worden sind: die inhaltliche Erschließung einer Äußerung aus ihrem grammatischen Aufbau und aus der Intonation sowie die Erstellung eines Kontextes und die Beurteilung von Personen aufgrund von (unzusammen-hängenden) Einzelhinweisen. Die Ausgangsdialoge dienen dabei lediglich als Anregung; sie brauchen nicht wortwörtlich übernommen zu werden. Sobald die Schüler das Anliegen der Übung verstanden haben, können sie versuchen, ähnliche Dialoge selbständig, d.h. ohne Vorgabe von Modellen, zu erstellen.

2.19 Portraitaufnahmen

Durchführung

Die Klasse wird in Dreiergruppen aufgeteilt. Jede Gruppe erhält ein Portrait, d.h. ein Bild einer Person in Großaufnahme. Dabei kann es sich um Abbildungen „einfacher Leute" in einer ungewöhnlichen Umgebung oder aber auch um Bilder handeln, auf denen Menschen mit ausgeprägten Charakterzügen zu sehen sind. Aufnahmen von Persönlichkeiten des öffentlichen Lebens sollte man für diese Übung nicht heranziehen.

Jede Gruppe betrachtet ihr Bild etwa vier bis fünf Minuten lang und entscheidet dann:

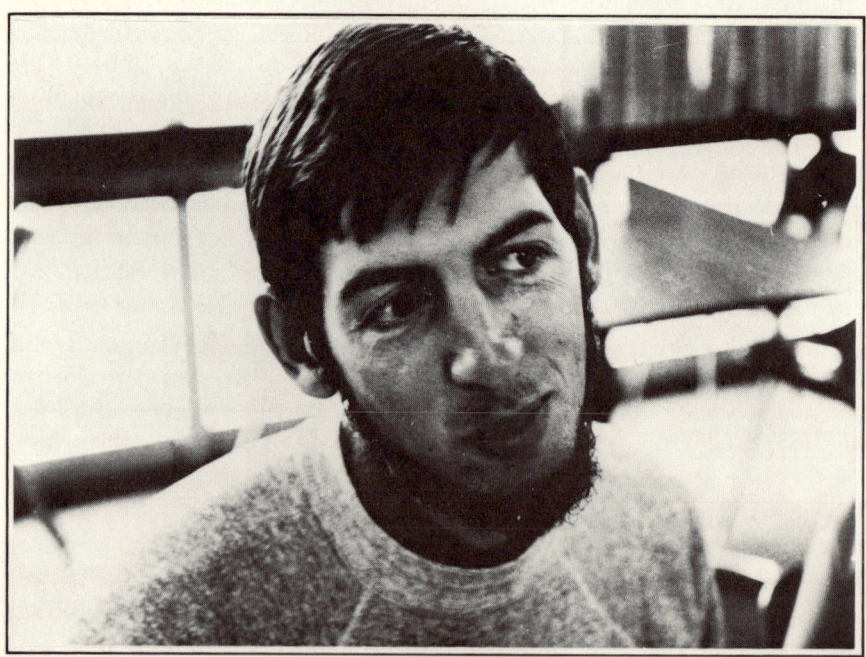

– wie alt die Person sein könnte
  how old the person might be
  quel pourrait être l'âge de cette personne
– welchen Beruf sie haben könnte
  what his/her profession might be
  quelle pourrait être sa profession
– ob sie verheiratet ist
  whether he/she is married
  si elle est mariée
– womit sie sich wohl gern beschäftigt
  what he/she likes doing
  ce qu'elle aime faire

109

– was sie im Augenblick wohl gerade macht
  what he/she is doing at this moment
  ce qu'elle fait en ce moment

– was für ein Mensch er/sie wohl sein mag
  what kind of person he/she is
  quel genre de personne c'est

Ein Gruppenmitglied wird gebeten, Protokoll zu führen. Wenn sich die Gruppe auf eine oder zwei Interpretationen geeinigt hat, tauscht sie ihr Bild mit dem einer anderen Gruppe aus. Nachdem sich jede Gruppe mit drei oder vier Bildern beschäftigt hat, werden die Gruppen aufgelöst und die Klasse bespricht gemeinsam, wie die Bilder gedeutet werden können.

Anmerkungen

Bei vielen szenischen Spielen ist es notwendig, Charakterstudien zu betreiben. Die Übung ist als Vorbereitung auf solche Aufgaben gut geeignet. Die meisten Menschen bilden sich – bewußt oder unbewußt - sofort ein Urteil über andere, wenn sie ihnen begegnen. Auf dieses natürliche Phänomen wird hier zurückgegriffen: die Schüler sollen lernen, über einen Eindruck zu reden, der sonst unausgesprochen bliebe – sie sollen ihre Meinung verteidigen oder sich von den Argumenten anderer überzeugen lassen. Jede Gruppe beginnt die Diskussion unter der gleichen Voraussetzung: die Schüler betrachten ein bestimmtes Bild; dennoch werden sich ihre Deutungen vermutlich erheblich voneinander unterscheiden. Darum sollte man für die Schlußbesprechung mit der Klasse genügend Zeit einräumen.

2.20 Die unermüdlichen Fragesteller

Durchführung

Man stellt eine Reihe interessanter Bilder zusammen, die sich durch besonders auffällige Motive oder durch ungewöhnliche Einzelheiten auszeichnen. Dazu könnten u.a. zählen:

– Abbildungen von Menschen in merkwürdigen Situationen (z.B. ein überfüllter Fahrstuhl, in dem sich ein Mann befindet, der einen Luftballon in der Hand hält);

– erheiternde oder rätselhafte Bilder (z.B. ein Mann sitzt zusammen mit einem Affen in der Badewanne);

110

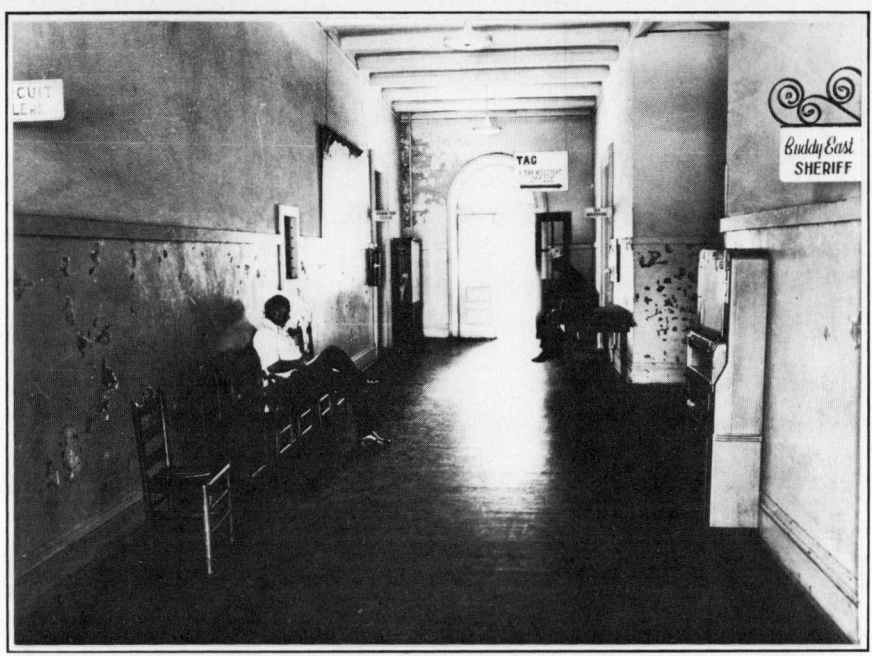

– Abbildungen von Gegenständen in einer Umgebung, in der man sie nicht
  vermutet (z.B. ein Schraubenzieher in einer Badewanne).

Die Schüler sitzen in einem großen Halbkreis, Man nimmt eines der Bilder und
fordert sie auf, durch Fragen herauszufinden, was auf ihm zu sehen ist. Dabei
dürfen nur solche Fragen gestellt werden, auf die eine eindeutige Antwort
gegeben werden kann (*Ja. Nein. Viel. Nichts,* usw.). Die Schüler sollten darauf
hingewiesen werden, daß sie auch durch die Art und Weise der Stimmführung
bei den Antworten auf ihre Fragen etwas über den Bildinhalt erfahren können.
Ferner sollte man ihnen sagen, daß Fragen wie *Ist es groß/häßlich/lustig/...?*
meistens relativ sind und darum fast nie eindeutig beantwortet werden können
(vgl. hierzu auch die „Anmerkungen").

Zwei Bilder werden gemeinsam erarbeitet. Dann werden Gruppen von je vier
Schülern gebildet. Jede Gruppe wird in zwei Schülerpaare unterteilt, und jedes
Schülerpaar erhält ein Bild. Ein Schülerpaar beginnt mit den Fragen zum Bild
des anderen Paares. Wenn der Inhalt erschlossen ist, betrachtet die gesamte
Gruppe das Bild und diskutiert, was im einzelnen zu sehen ist. Danach stellt das
andere Schülerpaar die Fragen. Ist die Übung innerhalb der Gruppe
abgeschlossen, sucht sich je ein Schüler eines jeden Paares einen neuen Partner in
einer anderen Gruppe, und das Spiel wird (mit anderen Bildern) wiederholt.

111

Anmerkungen

Am Anfang dieser Übung haben die Schüler keinerlei „Vorwissen"; sie müssen sich – sozusagen vom Nullpunkt aus – auf die Faktensuche begeben und dabei ständig Schlußfolgerungen ziehen. Sie haben also nicht nur darüber nachzudenken, wie sie ihre Fragen formulieren sollten, sondern sie müssen diese Fragen auch ständig mit den jeweils neu ermittelten Informationen in Einklang bringen. Um diese Aufgaben wirksam meistern zu können, müssen die Schüler die wichtigsten und gebräuchlichsten Fragestellungen in der Fremdsprache kennen. Außerdem muß man ihnen sagen, wie einfache Fragen gestellt werden können, mit deren Hilfe sich die Antwortmöglichkeiten gezielt eingrenzen lassen. So sollte man z.B. nicht fragen *Ist es ein Hund?* sondern zunächst *Ist es ein Tier? – Ein Haustier? – Hat es Federn?* usw.

Bei der Beantwortung der Fragen sollte man versuchen, auch die Betonung und die Intonation als Lösungshilfen einzusetzen:

A: Steht die Frau?
B: Nein, sie *stéht* nicht...
A: Dann sitzt sie also?
B: Nein.
A: Lehnt sie sich gegen etwas?
B: Richtig!

A: Is the woman standing?
B: not *stánding*...
A: Sitting down, then?
B: No, she isn't.
A: Leaning against something?
B: That's right.

A: Est-ce que la femme est debout?
B: Non, pas *debout*...
A: Assise alors?
B: Non!
A: Adossée contre quelque chose?
B: C'est ça.

Fremdsprachenlehrer, die daran gewöhnt sind, von ihren Schülern „vollständige" Sätze zu erwarten, sollten sich nicht daran stören, wenn viele Schülerfragen nur aus Verben oder Substantiven bestehen, die im Frageton vorgetragen werden *(Eine Nadel? – Schlafen?).* Eine derartige Fragestellung ist völlig legitim, da sie sich entweder auf etwas bezieht, das bereits voll

112

ausformuliert vorgetragen worden ist, oder auf eine andere Frage rückverweist, die schon gestellt worden und dann in Vergessenheit geraten ist.

2.21 Das Bilderspiel

Durchführung

In der Übung Bilder (vgl. Seite 91) ging es darum, sich auf Einzelheiten zu konzentrieren, die behalten werden mußten. Die gleichen Bilder können auch in dieser Übung verwendet werden. Man kann sie als Anschlußübung zu *Bilder* oder aber auch unabhängig davon einsetzen.

Wenn die Schüler die Diskussion der Einzelheiten auf ihren Bildern abgeschlossen haben, werden die Bilder auf dem Fußboden (oder auf einem Tisch) so hintereinander zusammengestellt, daß die Reihenfolge der Bildinhalte eine Geschichte ergibt. Darum ist es wichtig, daß zumindest in zwei oder drei Bildern jeweils ein gleiches Merkmal auftritt – Regen, ein Flugzeug oder zwei Menschen, die sich miteinander unterhalten. In jeder Bilderserie sollte ein Bild „aus dem Rahmen fallen"; oft erfüllt ein Farbfoto diese Funktion, wenn es sich bei den anderen Bildern um Schwarzweißaufnahmen handelt. Man braucht den Schülern nicht ausdrücklich zu sagen, daß sie auf Elemente achten sollen, die die

114

Bilder miteinander verbinden; sie werden sie vermutlich selbst entdecken oder – und das wäre noch besser – auf Gemeinsamkeiten stoßen, auf die man selbst überhaupt nicht gekommen ist.

Innerhalb von zehn Minuten müssen sich die Schüler auf eine Geschichte geeinigt haben. Die Bilder werden in derjenigen Reihenfolge hingelegt, in der sie in der Geschichte auftreten. Die Geschichte wird noch einmal innerhalb der Gruppe erzählt, während die Bilder betrachtet werden; hier kann man bereits festlegen, welcher Teil der Geschichte in Verbindung mit den Bildern von den einzelnen Gruppenmitgliedern (später) wiedergegeben werden soll. Dann gehen die Schüler – außer *einem* – zu einer anderen Gruppe. Der zurückgebliebene Schüler arbeitet jetzt mit seinen Klassenkameraden zusammen, die aus anderen Gruppen zu ihm kommen. Er fordert sie auf, den Versuch zu unternehmen, aus der Abfolge der Bilder die zuvor entwickelte Geschichte abzuleiten. Dabei dürfen ihm Fragen gestellt werden; bei der Beantwortung dieser Fragen achtet der „wissende" Schüler darauf, daß er sich immer nur auf das Notwendigste beschränkt, damit er den Inhalt der Geschichte nicht zu früh verrät.

Es ist nicht notwendig, daß alle Gruppen sämtliche Bilder sehen und besprechen. Der Gruppenwechsel wird hauptsächlich nur deshalb empfohlen, damit die schneller arbeitenden Schüler etwas zu tun haben.

Die Übung wird abgeschlossen, indem sich alle Schüler in einem großen Kreis zusammensetzen; die Mitglieder der ursprünglichen Gruppen sitzen nebeneinander. Jede Gruppe erzählt gemeinsam ihre Geschichte; nacheinander halten alle Gruppenmitglieder jeweils ein Bild hoch, so daß es von allen im Kreis gesehen werden kann, und berichten über denjenigen Teil der Geschichte, auf den sich das Bild bezieht. Auf diese Weise kommen alle Schüler zum Sprechen, und das Spiel erweist sich überdies als eine nützliche Übung im Wiederholen.

Anmerkungen

Diese Übung bietet derartig viele Sprechanlässe, daß es schwierig ist, sie im einzelnen vorauszusagen. Besondere Aufmerksamkeit verdienen die Bildgeschichten – wie sie sich voneinander unterscheiden und wie sie verändert werden. Anfangs geht es darum, die Bilder in eine bestimmte Reihenfolge zu bringen; hier werden Vorschläge gemacht: *Könnten wir nicht...? Warum nicht? Wenn wir das hierhin legen würden, könnten wir...* Wenn die Geschichte langsam Gestalt annimmt und die Gruppenmitglieder sich auf Einzelheiten konzentrieren, wird vornehmlich in grammatischen Formen der Gegenwart berichtet werden; das ergibt sich allein schon deshalb, weil die Schüler die Bilder, die sie vor sich sehen, beschreiben. Wenn später andere Gruppen die Geschichte zu rekonstruieren versuchen, werden wiederum Vermutungen und Vorschläge ins Spiel kommen. Beim Abschlußgespräch, wenn die einzelnen Gruppen ihre Geschichten der gesamten Klasse vortragen, dürften viele grammatische Zeiten – vor allem aber Vergangenheitsform – auftreten, d.h. die Schüler werden erzählen, so wie sie es „normal" gewohnt sind.

Überdies kommen Kritik, andere Meinungen und Widerspruch zu Wort. Die Übung setzt ein hohes Maß an Zusammenarbeit und Einfallsreichtum voraus; sie zwingt zur Konzentrationsfähigkeit und bedarf der uneingeschränkten Mitarbeit aller Beteiligten.

2.22 Detektive bei der Arbeit

Durchführung

In dem Spiel *Das verdeckte Tablett* (vgl. Seite 94) wurden mehrere Gegenstände vorgestellt, an die sich die Schüler als Teil einer Gedächtnisübung im einzelnen erinnern sollten. Diese Aufgabe ist auch hier zunächst zu erledigen: es werden Listen erstellt, auf denen so viele Gegenstände wie möglich aus dem Gedächtnis niedergeschrieben werden.

Anschließend – zeitlich sollte man sich dabei an den schneller arbeitenden Schülerpaaren orientieren – wird etwa die Hälfte der Gegenstände entfernt; die restlichen Gegenstände verbleiben auf dem Tablett bzw. auf dem Tisch. Wenn man möchte, kann man sie auch im Raum verteilen, allerdings nicht allzu weit verstreut, damit sie jederzeit von allen Schülern gesehen werden können. Jetzt sagt man den Schülern, sie sollten sich vorstellen, daß sie Detektive seien. Ihre Aufgabe besteht darin, eine plausible Geschichte zu erfinden, in der die restlichen Gegenstände der Ausgangsübung eine Rolle spielen. Je zwei Schüler arbeiten zusammen; sie erhalten etwa zehn Minuten Zeit. Wenn einzelne Gruppen Schwierigkeiten haben, einen Anfang zu finden, kann man ihnen vorschlagen, mit einem beliebigen Gegenstand zu beginnen, ihn in einen Satz einzubauen und auf dieser Grundlage weiterzuarbeiten.

Haben sich die beiden Partner eine Geschichte in groben Umrissen ausgedacht, gehen sie sie noch einmal im einzelnen durch und machen sich dabei Notizen. Dann suchen sie sich einen anderen Partner. Jeder Schüler erzählt seine Geschichte und hört sich die seines neuen Partners an. Dabei achten die Schüler selbstverständlich auf Ungereimtheiten und Unglaubwürdigkeiten im Gang der Erzählungen.

In größeren Klassen verwendet man zwei Sammlungen verschiedener Gegenstände. In diesem Fall fordert man die Schüler auf, ihre Geschichten einem Partner zu erzählen, der mit der jeweils anderen Sammlung gearbeitet hat.

Anmerkungen

Sobald die Schüler damit beginnen, sich als Detektive zu betätigen, sind ihnen die behandelten Gegenstände bereits gut bekannt; sie kennen sie in allen Einzelheiten, und das erleichtert ihnen die Aufgabe, sich der schwierigeren und „kreativen" Arbeit zu widmen: eine Geschichte zu erfinden. Alles, worauf sie dabei kommen könnten, bestimmen sie selbst; es ist ihr eigenes „geistiges Eigentum", d.h. sie sind persönlich interessiert, ihre Geschichten zu erklären und gegen Einwände zu verteidigen.

2.23 Töne und Geräusche 1

Durchführung

Erster Durchgang. Alle Schüler schließen die Augen. Man fordert sie auf, aufmerksam auf alle Töne und Geräusche zu achten, die sie hören können. Nach zwei oder drei Minuten dürfen sie die Augen wieder öffnen. Jeder Schüler nennt ein Geräusch, das er gehört hat.

Zweiter Durchgang. Man bereitet eine Tonbandaufzeichnung vor, auf der verschiedene Einzelgeräusche zu hören sind (ein Wasserhahn tropft, eine Uhr tickt, eine Tür quietscht). Jedes Geräusch wird zwei- oder dreimal vorgespielt. Die Schüler schreiben auf, was sie glauben, gehört zu haben. Anschließend vergleichen sie ihre Aufzeichnungen mit denen ihres Nachbarn. Eine gemeinsame, kurze Diskussion mit der ganzen Klasse schließt diesen Durchgang ab.

Dritter Durchgang. Wiederum wird ein bestimmtes Geräusch mehrmals vorgespielt. Diesmal arbeiten die Schüler in Dreiergruppen; sie sollen sich darauf einigen, um welches Geräusch es sich handeln könnte. Dann sollen sie sich eine Situation ausdenken, in der dieses Geräusch eine Rolle spielen könnte (*wo* es zu hören ist, *wer* es verursacht, *wie lange* es anhält, die Tageszeit, das Wetter, usw.). Abschließend arbeiten sie eine kurze Szene aus, in die diese Einzelheiten sowie das Geräusch eingebaut sind.

Anmerkungen

Das Anliegen des ersten Durchgangs (mit geschlossenen Augen) besteht ganz einfach darin, das Hörvermögen und die Beobachtungsgabe der Schüler für die

Übung der Interpretation im zweiten und dritten Durchgang zu schulen. In sprachlicher Hinsicht werden Wendungen provoziert, die mit Tönen und Geräuschen zu tun haben, z.B. *Ich habe ... gehört. Es klang wie ... Es könnte ... gewesen sein. – I heard ... It sounded like ... It could have been ... – J'ai entendu ... C'était comme si ... Ça aurait pu être ...* Diskutiert wird – wenn überhaupt – nur wenig, denn die Schüler identifizieren die Töne und Geräusche in der Regel automatisch und richtig im jeweiligen Kontext.

Beim zweiten Durchgang ist es wichtig, daß die Schüler ihre Eindrücke *aufschreiben.* Würden alle laut durcheinanderrufen, so könnten dadurch andere Interpretationen beeinflußt werden.

Ganz bewußt wird auf Partner- und Kleingruppenarbeit Wert gelegt, weil es auf diese Weise zu echten Diskussionen kommen kann. Man muß die Schüler immer wieder dazu ermuntern, die Geschichten ihrer Partner infrage zu stellen; so werden sie gezwungen, ihre Versionen zu verteidigen.

Den dritten Durchgang braucht man nur für spielfreudige Klassen vorzusehen. Ein Geräusch ist allerdings ein gut geeigneter Einstieg in ein dramatisches Ereignis, das sich in Szene setzen läßt. Auch hier gilt wiederum, daß die vorbereitende Diskussion des szenischen Handels mindestens ebenso ertragreich ist wie die Aufführung selbst.

2.24 Töne und Geräusche 2

Durchführung

Für diese Übung verwendet man eine Tonbandaufzeichnung verschiedener Töne und Geräusche, deren Abfolge eine Geschichte suggeriert. Eine solche Aufzeichnung kann man selbst herstellen, oder aber man verwendet:

A. Maley, A. Duff: *Sounds Interesting.* Cambridge: University Press 1975.

Man sagt den Schülern, daß sie eine „vertonte Geschichte" hören werden und daß sie diese Geschichte nachvollziehen sollen, indem sie ihren Inhalt aus Tönen und Geräuschen erschließen. Man spielt die Tonbandaufzeichnung zweimal vor; anschließend fordert man die Schüler auf, jeder für sich in der richtigen Reihenfolge aufzuschreiben, was sie gehört zu haben glauben. Dann werden Dreiergruppen gebildet. Die Mitglieder dieser Kleingruppen vergleichen ihre Aufzeichnungen und versuchen, sich auf eine gemeinsame Version zu einigen. Danach wird mit der gesamten Klasse die Abfolge des Geschehens an der Tafel entwickelt. Abweichungen und Alternativen werden ebenfalls festgehalten und mit einem Fragezeichen versehen. Schließlich wird das Tonband noch einmal vorgespielt; die Kleingruppen überprüfen dabei, ob die gemeinsam festgelegte Version der Geschichte mit den Tönen und Geräuschen übereinstimmt.

In einem weiteren Arbeitsschritt stellt man eine Liste zusammen, in der festgehalten wird, *was* die Personen (in der Geschichte) gehört haben. Dabei müssen die Gruppenmitglieder ihre eigene Interpretation der Geräusche so in den Verlauf der Geschichte einbauen, daß eine zusammenhängende Handlung entsteht. Es wird sich ergeben, daß die gleichen Töne und Geräusche oft zu völlig unterschiedlichen Geschichten Anlaß bieten.

Wenn genügend Zeit vorhanden ist, können die Gruppen den Ablauf des Geschehens vorspielen; dabei dürfen sie, wenn sie wollen, auch sprechen.

Anmerkungen

Im ersten Teil der Übung werden die Schüler viel miteinander diskutieren. Nur selten erinnert man sich genau an das, was man gehört hat und in welcher Reihenfolge bestimmte Geräusche aufgetreten sind. Man sollte darauf bestehen, zunächst das eindeutige *Erkennen* der Töne und Geräusche vorzunehmen; Schüler neigen nämlich dazu, allzu rasch *Deutungen* geben zu wollen. Eine Möglichkeit, das zu verhindern, besteht darin, immer wieder Rückfragen zu stellen, mit denen die Aufmerksamkeit auf Einzelheiten gelenkt wird, z.B.

A: Ich habe Fußtritte gehört.   A: I heard footsteps.
B: Im Haus oder draußen?   B: Inside or outside?
A: Draußen.   A: Outside.
B: Auf einem Rasen?   B: On grass?
A: Nein, auf Asphalt.   A: No, on concrete.

A: J'ai entendu des pas.
B. Dehors ou à l'intérieur?
A: Dehors.
B: Sur l'herbe?
A: Non, sur un sol dur.

Die besondere Beachtung von Details hilft den Schülern, ihre späteren Interpretationen gezielter vornehmen zu können. Es ist übrigens nicht unbedingt erforderlich, daß die Geschichten vorgespielt werden; wenn einzelne Gruppen dies informell untereinander dennoch tun, so sollte man es nicht unterbinden, weil derartige Aufführungen immer weitere Diskussionen und Kommentare auslösen.

3 Handeln

3.1 Die Maschine

Durchführung

Die Klasse wird in sechs Gruppen zu je fünf Schülern aufgeteilt; wo nötig, kann die Anzahl der Gruppen der Klassenstärke angepaßt werden – man kann darum auch vier Gruppen zu je fünf oder sechs Schülern oder zwei Gruppen zu je sieben oder acht Schülern bilden. Die Gruppen werden aufgefordert, sich eine Maschine auszudenken; jedes Gruppenmitglied verkörpert einen Bestandteil der Maschine. Bei der Maschine braucht es sich nicht um einen Realgegenstand zu handeln; auch erdachte, phantastische Gebilde sind zulässig, z.B. eine Maschine zum Einfärben von Wolken. Bei der Vorbereitung ihrer Maschine müssen die Schüler sowohl die Funktionen ihrer Einzelteile als auch die Aufgaben der Maschine als ganzes diskutieren. Falls notwendig, dürfen auch Lauteffekte Verwendung finden.

Sobald die Maschinen „einsatzbereit" sind, werden sie von den Gruppen in Gang gesetzt. Zunächst läßt man sie für eine Weile gleichzeitig arbeiten; dann führt jede Gruppe einzeln ihr Produkt der ganzen Klasse vor. Die Zuschauer sollen durch Fragen herausfinden, um welche Maschine es sich handelt und welche Funktionen ihre Einzelteile zu erfüllen haben.

Anschließend arbeiten je zwei Gruppen zusammen. Sie sollen versuchen, ihre Maschinen miteinander zu *verbinden*; dabei dürfen die Bewegungen der Einzelteile nicht verändert werden. Möglich hingegen ist es, „verbrauchte" Teile der einen Maschine durch „Ersatzteile" der anderen zu ersetzen. Die „Ersatzteile" übernehmen dann neue Funktionen, behalten aber ihren alten Arbeitsrhythmus bei.

Anmerkungen

In sprachlicher Hinsicht ist diese Übung sehr ertragreich; die Schüler erhalten Gelegenheit, über gerade ablaufende Vorgänge zu sprechen, an denen sie selbst beteiligt sind. Man sollte darauf achten, daß die einzelnen Arbeitsgänge nicht allzu viel Zeit in Anspruch nehmen. Im übrigen muß der Lehrer darauf vorbereitet sein, öfter als sonst für die Beantwortung von Fragen zur Verfügung zu stehen; wenn die Gruppen Beschreibungen ihrer Maschinen vornehmen, sind sie darauf angewiesen, daß man ihnen unbekannte Wörter vorgibt.

Die Übung kann nur dann durchgeführt werden, wenn zuvor das Mobiliar aus dem Weg geräumt worden ist. Sollte dies im eigenen Klassenraum nicht möglich sein, kann man versuchen, anderswo freien Raum zu finden – vielleicht in der Turnhalle oder auf dem Schulhof. Die Mühe lohnt sich, denn dieses Spiel bietet den Schülern sehr vielfältige Möglichkeiten zur Interaktion.

3.2 Sprechende Laute

Durchführung

Erster Durchgang. Verschiedene Laute wie *Aua! Hatschi! Hmm! Brrr! Ouch! Hey! A-tishoo!* u.a. werden an die Tafel geschrieben (oder mit einem Tageslichtprojektor projiziert). Jeder Schüler wählt sich einen dieser Laute aus, geht im Klassenraum herum und trägt ihn seinen Mitschülern in möglichst vielen Variationsformen vor.

Während die Schüler damit beschäftigt sind, heftet der Lehrer an vier Stellen des Raumes ein Blatt Papier an; jedes Blatt enthält eine andere Ortsangabe (Fabrik, Zirkus, Abwasserkanal, Ozeandampfer). Außerdem werden vier Zettel aufgehängt, auf denen Berufs- bzw. Tätigkeitsbezeichnungen stehen (Fleischer, Lastwagenfahrer, Stabhochspringer, Buchhalter).

Jeder Schüler sucht sich einen Partner. Die Schüler wählen eine Ortsangabe und führen mit den an der Tafel stehenden Lauten ein Gespräch, das zu der entsprechenden Situation paßt, z.B. die Unterhaltung von zwei Personen auf dem Deck eines Ozeandampfers.

Anschließend sucht sich jeder Schüler einen neuen Partner; jetzt entscheiden sie sich für eine der vorgegebenen Personen, die sich mit einer anderen an einem der vier genannten Orte unterhält, z.B. ein Buchhalter und ein Stabhochspringer in einem Abwasserkanal. Bei ihrer Unterhaltung können sie sämtliche Laute benutzen, die an der Tafel stehen, nicht hingegen Wörter und Ausdrücke.

Zweiter Durchgang. Wiederum suchen sich die Schüler einen neuen Partner. Diesmal benutzen sie die bekannten Laute, um mit ihrem Partner Kontakt aufzunehmen, d.h. sie versuchen, mit einem „Fremden" ins Gespräch zu kommen. Wenn man den Eindruck hat, daß dies einigermaßen gelingt, geht man zum nächsten Arbeitsschritt über.

Man fordert die Schüler auf, sich einen Partner zu suchen, mit dem sie bisher noch nicht zusammengearbeitet haben. Jetzt sollen sie mit den vorgegebenen Lauten ein Alltagsgespräch mit einem Freund führen. Im Verlauf dieser Unterhaltung soll es jedoch zu Widersprüchen kommen, und schließlich streiten sich die beiden Gesprächspartner. Diesen Übungsdurchgang bricht man ab, wenn die Lautstärke der Auseinandersetzungen nicht mehr zu ertragen ist.

Dritter Durchgang. Die Schüler werden in Dreiergruppen eingeteilt. Jede Gruppe arbeitet eine kurze Szene aus, in der sämtliche an der Tafel stehenden Laute und zusätzlich *ein* Wort bzw. *eine* Wendung vorkommen (*Nein. Of course. Oui).* Diese Szenen spielen sich die Gruppen gegenseitig vor. Kommentare und Kritik sind erwünscht.

Anmerkungen

Bei anspruchsvolleren Interaktionsübungen ist es notwendig, daß die Schüler gut miteinander bekannt sind und sich gegenseitig Vertrauen entgegenbringen. Der besondere Wert dieser Übung liegt im ständigen Partnerwechsel; auf diese Weise erhalten die Schüler Gelegenheit, mit fast allen Klassenkameraden direkt zusammenzuarbeiten. Gleichzeitig befinden sie sich aber auch in einer Situation, in der es ihnen nicht gestattet ist, mit *Wörtern* zu kommunizieren. Sie können sich darum verstärkt auf die *Art und Weise* konzentrieren, in der sie etwas zum Ausdruck bringen wollen, also auf die Tonhöhe, die Intonation, den Gesichtsausdruck und auf Gesten. Diese Beschäftigung mit der Aufgabe, eine Nachricht ohne den Gebrauch von Wörtern zu übermitteln, wird auch in späteren Übungen wieder von ihnen gefordert werden.

Obgleich die Verwendung „wirklicher“ Sprache nicht gestattet ist, ergibt sich dennoch hin und wieder die Gelegenheit, daß die Schüler miteinander sprechen: *Mit dir war ich doch schon zusammen! Was nehmen wir? Wie wäre es mit ...?* Man sollte darauf achten, daß derartige Äußerungen in der Fremdsprache vorgetragen werden.

3.3 Konflikte

Durchführung

Erster Durchgang. Die Klasse wird in Schülerpaare aufgeteilt. Einer der beiden Schüler spielt irgendeinen Verkäufer, der andere einen schwierigen Kunden. Zunächst besprechen sie, wie sie vorgehen wollen; dann kann das Spiel beginnen. Obgleich der Kunde *sehr* schwierig ist, verliert der Verkäufer dennoch nicht seine Ruhe, sondern antwortet immer höflich und hilfsbereit. Eine gewisse Spannung in der Beziehung zwischen den beiden Personen sollte jedoch nicht verborgen bleiben. Wenn die Situation zu Ende gespielt worden ist, wechseln die Partner ihre Rollen.

Zweiter Durchgang. Jetzt wird in Gruppen zu je vier Schülern gearbeitet. Jede Gruppe unterteilt sich in zwei Paare: ein Schülerpaar spielt die gleiche Situation wie im ersten Durchgang. Allerdings soll diesmal der Konflikt zwischen dem Kunden und dem Verkäufer nicht unterdrückt werden, sondern offen zum Ausbruch kommen; mit anderen Worten: der Verkäufer wehrt sich zunehmend gegen das Auftreten des Kunden. Das zweite Schülerpaar beobachtet den Spielvorgang und äußert sich am Ende kritisch dazu. Dann tauschen auch hier wieder die Schülerpaare ihre Rollen.

Dritter Durchgang. Wiederum arbeiten die Schüler in Vierergruppen, und zwar auf die gleiche Weise wie beim zweiten Durchgang (ein Schülerpaar spielt, das andere schaut zu). Diesmal sollen die Schüler jedoch zunächst andere Konfliktmöglichkeiten, in die zwei Personen verwickelt sein könnten, in Betracht ziehen, ehe sie sich entscheiden, welche Situation ihnen am ehesten zusagt. Einige mögliche Konfliktsituationen sind:

- Ein junges Mädchen will in den Ferien allein ins Ausland fahren; die Mutter ist dagegen.
- Ein junger Mann will eine Party verlassen, seine Freundin möchte aber noch bleiben.
- Ein Mädchen ist schwanger und will abtreiben; ihr Freund möchte jedoch, daß sie das Kind bekommt.
- Eine Frau möchte. daß ihre Mutter zu ihr zieht; der Ehemann hält nichts von diesem Plan.
- Ein Chef erwartet, daß einer seiner Mitarbeiter am Wochenende Überstunden macht; der Mitarbeiter hat seiner Familie versprochen, einen Ausflug aufs Land zu machen.

In diesen und anderen Situationen sollte sich der Konflikt langsam von einer „normalen" zu einer „hitzigen" Auseinandersetzung entwickeln.

Vierter Durchgang. Die Schüler bilden Sechsergruppen. Jede Gruppe unterteilt sich in zwei Kleingruppen zu je drei Schülern, die sich auf eine Konfliktsituation einigen, in die *zwei* Personen verwickelt sind. Dann wird diese Situation gespielt. Das jeweils dritte Gruppenmitglied hat die Aufgabe, in die Auseinandersetzung *schlichtend* einzugreifen, indem es die beiden Kontrahenten zu beruhigen versucht. Die andere Dreiergruppe schaut zunächst zu; dann kritisiert und kommentiert sie die Aufführung, ehe sie selbst ihre eigene Version darbietet.

Anmerkungen

Es sei empfohlen, vor der Durchführung dieses Spiels ein Gespräch mit der Klasse über Gründe zu führen, die zu zwischenmenschlichen Konflikten führen können. Eine solche Diskussion vermittelt vielerlei Anregungen, die vor allem für den dritten Durchgang nützlich sind.

Man sollte besonders sorgfältig darauf achten, daß sich die Auseinandersetzungen langsam und organisch entwickeln. Die Konfliktübungen sollten durchstrukturiert sein und nicht in Schreiwettkämpfe ausarten.

3.4 Bilder, Geräusche, Zeitungen

Durchführung

Erster Durchgang. Die Klasse wird in vier Gruppen unterteilt; jede Gruppe entscheidet sich für einen *Gegenstand,* den sie darstellen möchte (vgl. hierzu *Was habe ich an?* Seite 66). Wenn die Schüler sich entschieden haben, geht *ein* Gruppenmitglied zur nächsten Gruppe und stellt den gewählten Gegenstand pantomimisch dar, bis er erraten worden ist. Der Spieler bleibt bis zum Ende der Übung in der neuen Gruppe.

Als nächstes denken die Gruppen darüber nach, welche *Handlung* sie pantomimisch umsetzen könnten. Wiederum fällt einem Gruppenmitglied die Aufgabe zu, die Handlung, auf die man sich geeinigt hat, einer anderen Gruppe so lange vorzuspielen, bis sie erraten worden ist.

Schließlich einigt sich jede Gruppe auf eine *Person,* die sie darstellen möchte. Jede Gruppe entsendet ein Mitglied in eine andere Gruppe; dort wird die Person dargestellt, und der Pantomime verbleibt in der neuen Gruppe.

Alle Gruppen haben jetzt zwei Gegenstände, zwei Handlungen und zwei Personen „gesammelt" (dieneigen, für die sie sich selbst entschieden haben, und die von den Mitgliedern anderer Gruppen eingebrachten Ideen). Sie arbeiten jetzt eine Kurzszene aus, in der diese zwei Gegenstände, Handlungen und Personen eine Rolle spielen. Dabei darf es sich um eine Pantomime (ohne Worte) oder aber auch um einen „Sketch mit Worten" handeln.

Zweiter Durchgang. Man teilt die Klasse in Gruppen zu je fünf Schülern auf. Jede Gruppe erhält das Bild einer unbekannten Person (vgl. *Portraitaufnahmen,* Seite

108) und versucht, so viele Einzelheiten wie nur irgend möglich über diese Person herauszufinden. Ein Gruppenmitglied notiert stichwortartig, was die anderen aus dem Bild erschließen. Dann werden die Bilder an andere Gruppen weitergegeben und dort von neuem gedeutet. Wenn eine Gruppe die Bilder von *drei* Personen analysiert hat, wird eine Szene erarbeitet. in der sie gemeinsam auftreten.

Dritter Durchgang. Die Klasse wird in Fünfergruppen eingeteilt. Alle Schüler sollen sich stichwortartig notieren, was sie hören werden (vgl. hierzu *Wer klopft denn da?* Seite 90). Man spielt die Tonbandaufzeichnung von drei oder vier verschiedenen, einzelnen Lauten oder Geräuschen vor (ein Hund bellt, ein Glas zerspringt, Fußtritte, etwas Schweres fällt ins Wasser). Die Gruppen müssen das, was sie gehört haben, in einen kurzen Sketch einbauen, in dem deutlich werden soll, welche Verbindung zwischen den Lauten und Geräuschen besteht. Anregungen hierzu finden sich bei:

A. Maley, A. Duff: *Sounds Interesting.* Cambridge: University Press 1975.

Vierter Durchgang. Wiederum werden Gruppen zu je fünf Schülern gebildet. Zwei oder drei fremdsprachige Zeitungen (möglichst Boulevardblätter) werden in Stücke zu etwa 14 x 15 cm zerrissen. Die Zeitungsteile werden gemischt, und jede Gruppe erhält drei oder vier Blätter. Aufgabe der Schüler ist es, *drei* Inhalte auszuwählen und sie in einen Sketch einzubauen. Bei den Inhalten darf es sich um eine Schlagzeile, um eine Anzeige oder um ein einzelnes Wort bzw. einen Satz aus einem Artikel oder aus einer Nachricht handeln.

Spielvariante

Zur Vorbereitung auf die Aufgabe des vierten Durchgangs sammelt man eine Reihe kurzer Meldungen oder Auszüge aus Geschichten, in deren Mittelpunkt interessante oder ungewöhnliche Situationen stehen, z.B.

Du stehst oben auf einer Leiter; auf deinem Rücken ist ein eckiger Mülleimer befestigt, in dem sich so viele Trauben befinden, daß man aus ihnen 28 Liter Wein gewinnen könnte, und du bist bereit zu sterben ...

Der Zustand einer 64jährigen Frau, die von Bord des Schiffes *Windsor Castle* in den Atlantik gefallen war und drei Stunden im Wasser trieb, wurde gestern als „nicht gut" bezeichnet. Frau M. Fuller liegt auf der Krankenstation des Schiffes. Sie befindet sich mit ihrem Mann auf der Rückreise nach Südafrika.

Edelsteine für zehn Millionen Mark erbeutete ein mit Handgranaten bewaffneter Bandit bei einem Überfall auf die Diamanten-Börse in Tel Aviv. Der maskierte Täter zwang einen Kunden, zwei Händler und dann sich selbst zu

126

fesseln. Die Hände des Kunden verband der Räuber selbst. Dann packte er die Diamanten in eine Tasche und verschwand. Erst nach zehn Minuten konnten sich Händler und Kunde befreien. (Deutsche Presse-Agentur, 19. April 1980)

You stand on top of a ladder with a flattened dustbin strapped to your back, and inside it there are enough grapes to provide the juice for 28 litres of wine, and you're ready to die ...

A 64-year-old woman who spent nearly three hours in the Atlantic after falling overboard from the liner *Windsor Castle* was described yesterday as "not well". Mrs Margaret Fuller is in the ship's sick bay. She and her husband are returning to South Africa.

A guy Fawkes celebration ended in death last night when a gang of youths tried to break up the bonfire party on waste-land at Granville Road, Golders Green. Children and parents saw Clive Bresset, aged 23. of Templeworth Point, Granville Road, stabbed. He died in hospital. (*The Guardian,* 6 November 1976)

Tu es au sommet d'une échelle et tu portes, attachée à ton dos, une poubelle qui contient une quantité de raisin suffisante pour produire 28 litres de vin, et tu es prêt à mourir ...

Une femme âgée de 64 ans a lutté pendant trois heures dans les eaux de l'Atlantique, après être tombée du bateau *Windsor Castle.* Madame M. Fuller est à l'infirmerie du bateau, son état a été qualifié, hier, de «préoccupant». Elle rentre en Afrique du Sud avec son mari.

La fête de la Saint-Jean s'est terminée tragiquement pour les habitants de Saint-Hilaire d'Ozihan. En effet, hier soir, une bande de jeunes voyous a fait irruption sur l'emplacement de la fête, dans le dessein de saccager le feu de camp. C'est alors que Pierre Dupont qui s'interposait, a été poignardé sous les yeux de tous, parents et enfants. Le jeune homme, âgé de 23 ans, devait succomber à son arrivée à l'hôpital.

Die Klasse wird in Gruppen zu je fünf Schülern eingeteilt; jede Gruppe erhält eine Meldung. Die Gruppenmitglieder sollen sich vorstellen, sie seien Fernsehreporter und sollten die Hauptpersonen der jeweiligen Meldungen interviewen. Sie bereiten die Fragen vor, die sie stellen wollen. Dann wird bestimmt, wer den Fernsehreporter und wer die Hauptperson spielen soll, und das Interview wird durchgeführt. Gruppenmitglieder, die an dem Interview nicht direkt beteiligt sind, agieren als Programmdirektoren des Fernsehens; sie loben oder kritisieren die Interviews, nachdem sie durchgeführt worden sind.

Anmerkungen

Alle vier Spieldurchgänge und die Spielvariante folgen dem gleichen Übungsmuster: sie werden durch unterschiedliche Anlässe ausgelöst, und diese Anlässe müssen in eine Geschichte eingebaut werden, die in sich geschlossen ist und möglichst dramatisch ausfällt. Die Schülerdiskussionen, die der Geschichte vorausgehen und die sie begleiten, sind zumindest ebenso wichtig wie die erfolgreiche Umsetzung der Geschichte im szenischen Spiel bzw. beim Interview – genau *hier* nämlich sind Realbedingungen für echte Interaktionen gegeben.

3.5 Menschen und Plätze

Durchführung

Es werden Bilder mit Großaufnahmen von Menschen (wie in *Portraitaufnahmen,* Seite 108) und von „Problemsituationen" (siehe „Beispiele") zusammengestellt. Man teilt die Klasse in Gruppen von jeweils sechs Schülern auf. Jede Gruppe erhält eine Portraitaufnahme und versucht, ihr so viele Informationen wie nur irgend möglich zu entnehmen. Dann wird das Bild an die nächste Gruppe weitergegeben. Auch hier wird es in allen Einzelheiten diskutiert. Anschließend werden die Portraitaufnahmen eingesammelt. Jetzt erhält jede Gruppe ein Bild mit einer Problemsituation. Auch dieses Bild wird wiederum so lange diskutiert, bis man sich auf eine zufriedenstellende Interpretation geeinigt hat. Anschließend sollen die Gruppen die Personen, die sie beschrieben haben, in die von ihnen interpretierte Problemsituation versetzen. Jede Gruppe spielt ihre Szene einer anderen Gruppe vor. Nach den Aufführungen werden die erbrachten Leistungen kommentiert und der Kritik unterzogen.

Beispiele

Ein Mann und eine Frau befinden sich in einem Restaurant. Der Mann schläft, die Frau ist total gelangweilt.

Ein Mann füllt Cocktailgläser für zwei elegant gekleidete Damen. Sie tragen beide das gleiche Kleid.

Ein betrachtet „Blut" (?) an seinen Händen. In einer Ecke des Raumes sind gerade noch die ausgestreckten Beine einer Frau auf einem Sofa zu sehen.

Im Gang eines Zuges liest ein Mann den Inhalt der heruntergefallenen Handtasche einer Frau auf, während sie ihm heimlich die Taschen ausräumt.

Anmerkungen

Diese Übung bietet den Schülern – ebenso wie *Das verdeckte Tablett – für Fortgeschrittene* (Seite 153) – die Möglichkeit, ihrer Phantasie freien Lauf zu lassen, obwohl sie alle von den *gleichen* Grundelementen ausgehen. Ihre Diskussionen und Kontroversen werden sich auf belegbare „Beweise" stützen; sie werden sich direkt auf die Bilder beziehen können, wenn sie ihre Argumente und Standpunkte belegen wollen. Gleichzeitig ist mit dem Spiel eine intensive Wiederholung von Vokabeln und Strukturen verbunden, denn jeder Schüler wird eine andere Interpretation der gleichen Inhalte vortragen.

3.6 Hör zu!

Durchführung

Erster Durchgang. Für dieses Spiel werden zunächst sechs Schüler ausgewählt. Einer von ihnen stellt sich vor die Klasse. Die anderen fünf Schüler erhalten einen Zettel, auf dem kurz notiert ist, welchen Wunsch oder welches Anliegen sie zum Ausdruck bringen sollen:

Ich suche ein Postamt.
Können Sie mir einen Zehn-Mark-Schein wechseln?
Mein Auto fährt nicht mehr; können Sie mir schieben helfen?
Ich habe meine Brieftasche verloren.

I'm looking for the Post Office.
Can you change a £ 5 note for me?
My car's broken down, please help me push it.
I've lost my wallet.

Je cherche la poste.
Est-ce que vous avez la monnaie de dix francs?
Ma voiture est en panne; pouvez-vous m'aider à la pousser?
J'ai perdu mon portefeuille.

Dann geht einer der fünf Schüler zu seinem Klassenkameraden, der vor der Klasse steht, und beginnt ein Gespräch über sein Anliegen. Sobald es in Gang gekommen ist, geht ein zweiter Schüler zu ihnen und versucht, die beiden Gesprächspartner auf *seinen* Wunsch aufmerksam zu machen. Wenn die drei Schüler sich dann unterhalten, stößt der vierte, dann der fünfte zu ihnen. Jeder Schüler konzentriert sich auf *sein* Anliegen und besteht darauf, daß es am wichtigsten ist. Alle sind ununterbrochen am Reden.

129

Zweiter Durchgang. Nachdem die Klasse mit dem ersten Durchgang erfahren hat, wie das Spiel abläuft, wird sie in Sechsergruppen aufgeteilt. Jede Gruppe erhält fünf Zettel mit entsprechenden Anweisungen. Die Durchführung des Spiels sollte nicht länger als fünf Minuten dauern.

Anmerkungen

Bei dieser Übung muß man sicherlich eine besonders strenge Aufsicht führen, denn es wird sehr bewegt im Klassenraum zugehen. Darum ist es wichtig, daß man auf die Zeitbegrenzung achtet. Dennoch wird das ganze nicht ohne Schwierigkeiten ablaufen. Zwei einleuchtende Gründe sprechen allerdings *für* dieses Spiel:

1. Die Schüler sind gehalten, ununterbrochen zu sprechen und sich gegenüber Aussagen und Anliegen anderer durchzusetzen; das kann ihnen Mut machen, sich in der Fremdsprache zu äußern und nicht aufzugeben, wenn andere dazwischenreden (vor allem auch deswegen, weil ihre Fehler mit großer Wahrscheinlichkeit überhaupt nicht bemerkt werden).

2. Die Anliegen, die sie zu vertreten haben, können sehr abwechselungsreich zum Ausdruck gebracht werden, z.B.

Können Sie mir einen Zehn-Mark-Schein wechseln?
Hat jemand Wechselgeld für einen Zehn-Mark-Schein?
Ich muß einen Zehn-Mark-Schein wechseln.
Wer kann mir einen Zehn-Mark-Schein wechseln?

Can you change a £ 5 note for me?
Has anyone got change for a £ 5 note?
I need change for five pounds.
Who can change a five pound note for me?

Est-ce que vous avez la monnaie de dix francs?
Est-ce que quelqu'un a la monnaie de dix francs?
Il me faudrait la monnaie de dix francs.
Qui peut me donner la monnaie de dix francs?

Ehe sie mit der Übung beginnen, sollte man die Schüler auffordern, mehrere Versionen des Anliegens, das sie vorzutragen haben, stichwortartig aufzuschreiben. Wenn sie wollen, können sie diese Aufzeichnungen während des Sprechens heranziehen.

130

Gehört irgendjemand diese Brieftasche? Ich habe sie auf dem Fußboden gefunden.

Kannst du mir mit dem Schirm helfen – er klemmt.

Wer hat das Spiel heute Nachmittag gewonnen?

Tut Buße – das Ende der Welt ist nahe!

Haben wir uns nicht schon einmal gesehen?

Jemand ist unten in der Telephonzelle zusammengebrochen!

Können Sie auf meinen Hund aufpassen, während ich schnell beim Fleischer einkaufe?

Mein Sohn ist weg! Er ist sieben (Jahre alt) und hat einen blauen Jeans-Anzug an.

Echte Ledergürtel – nur drei Mark!

Ich führe eine Umfrage durch. Können Sie mir sagen, welches Waschmittel Sie benutzen?

Würden Sie bitte Ihren Wagen wegfahren – ich komme nicht aus meiner Garage heraus.

Glaub' ja nichts von dem, was er sagt!

Mir gefällt Ihr Mantel. Wo haben Sie ihn gekauft?

Wo bist du denn den ganzen Tag über gewesen?

Und was wird aus dem Geld, das ich dir geliehen habe?

Wer war denn das Mädchen, das gestern Abend bei dir war?

Does this wallet belong to anyone? I found it on the floor.

Can you help me put up my umbrella – it's stuck.

Who won the match this afternoon?

Repent – the end of the world is at hand!

Haven't I seen you somewhere before?

Someone's collapsed in the telephone booth down the road!

Could you look after my dog for me while I slip into the butcher's?

I've lost my son. He's seven years old and wearing a blue denim suit.

Real leather belts – only £ 1 each!

I'm conducting a servey. Could you tell me which washing powder you use?

Would you mind moving your car, I can't get out of my garage.

Don't believe anything he says.

I like your coat. Where did you get it?

Where have you been all day?

What about that money you owe me?

Who was that girl I saw you with last night?

Est-ce que ce porte-monnaie appartient à l'un de vous? Je l'ai trouvé par terre.

Est-ce que vous pourriez m'aider à ouvrir mon parapluie? – Il est coincé.

Qui a gagné le match, cette après-midi?

Repens-toi! La fin est proche!

Ne nous sommes-nous pas déjà vus quelque part?

Quelqu'un s'est évanoui, en bas, dans la cabine téléphonique!

Tu peux t'occuper de mon chien pendant que je vais chez le boucher?

Mon fils a disparu. Il a sept ans et porte une chemise bleue, en toile.

Des ceintures en cuir véritable – seulement trois francs la pièce!

Je mène une enquête. Pourriez-vous me dire quelle lessive vous utilisez?

Pourriez-vous déplacer votre voiture, je ne peux pas sortir de mon garage.

Ne crois rien de ce qu'il te dit.

Votre veste me plaît. Où est-ce que vous l'avez achetée?

Où as-tu passé toute la journée?

Et l'argent que tu me dois?

Qui était cette fille avec qui je t'ai vu hier soir?

3.7 Spezielle Anliegen

Durchführung

Die Klasse wird in Schülerpaare aufgeteilt. Jedes Paar erhält einen Zettel, auf dem angegeben ist, welche speziellen Anliegen die beiden Schüler in einer Konversation vortragen sollen, z.B.

A: Du arbeitest für ein Meinungsforschungsinstitut und versuchst, bei einer schwierigen alten Dame einen Fragebogen auszufüllen.

B: Du bist eine alte Dame. Du versteht überhaupt nicht, warum der Mann zu dir gekommen ist, aber du fühlst dich einsam, und er erinnert dich an deinen Enkel. Du möchtest dem Mann über deinen Enkel und über deine Familie berichten.

A: You are a market-research interviewer trying to fill in a questionnaire with a difficult old lady.

B: You are an old lady. You do not understand what the man has come for, but you are lonely, and he reminds you of your grandson. You want to tell him about your grandson and your family.

A: Tu es un enquêteur en train d'essayer de remplir un questionnaire avec une vieille dame qui ne comprend pas bien de quoi il s'agit.

132

B: Tu es une vieille dame. Tu ne comprends pas pourquoi cet homme est là, mais tu te sens seule et il te rappelle ton petit-fils. Tu veux lui parler de ton petit-fils et de ta famille.

Man gibt den Schülern einige Minuten Zeit, damit sie ihre Konversationen vorbereiten können. Wenn sie wollen, dürfen sie sich Notizen machen. Dann führen sie ihre Unterhaltungen im Sinne der Arbeitsanweisungen durch. Wie lange die Konversationen dauern und wie ausführlich sie gestaltet sein sollten, bleibt den Schülern überlassen.

Wenn die Unterhaltung abgeschlossen ist, kann man den Schülern vorschlagen, die Rollen zu tauschen und ein zweites Gespräch zu führen.

Spielvariante

Wiederum wird Partnerarbeit anberaumt. Jetzt sollen die Schüler auf der Grundlage der Informationen, die ihnen auf Zetteln vorgegeben werden, ein Telephongespräch führen, z.B.

A: Du bist sehr in Eile, weil du einen Bus erreichen willst. Er fährt in fünf Minuten ab, und du darfst ihn nicht verpassen.

B: Du hast Langeweile und möchtest dich einmal *ausführlich* mit jemand unterhalten – über irgendetwas: Sport, das Fernsehprogramm von gestern Abend, ein neues Kleid. Du rufst A an; laß dich von ihm nicht unterbrechen – sprich immer weiter!

A: You are about to go out to catch a bus. It leaves in 5 minutes and you must not miss it.

B: You are bored and you want to have a good *long* talk about anything – sport, the TV last night, a new dress you've seen. You phone A; you must keep talking.

A: Tu es sur le point d'aller prendre ton bus. Il part dans cinq minutes et tu ne dois pas le rater.

B: Tu t'ennuies et tu as envie de parler un long moment avec quelqu'un, à propos de n'importe quoi, de sport, du programme d'hier au soir à la télé, d'une nouvelle robe que tu as vue. Tu téléphones à A; tu ne dois pas t'arrêter de parler.

Auch hier kann man nach dem ersten Gespräch die Rollen wieder tauschen lassen. Es ist wichtig, daß die Schüler bei dieser Übung Rücken an Rücken sitzen; nur auf diese Weise können sie sich wirklich eine Vorstellung davon machen, wie es ist, wenn man bei einem Telephongespräch den Partner hören, aber nicht sehen kann.

Anmerkungen

Es sei empfohlen, eine dieser Übungen zunächst mit der ganzen Klasse gemeinsam vorzubereiten; dabei werden Ideen gesammelt und Vorschläge gemacht, was die Gesprächspartner sagen könnten. Diese Vorschläge kann man an die Tafel schreiben (lassen) und mit den Schülern darüber sprechen, ob sie überzeugend sind, ob sie tatsächlich so – und nicht anders – vorgetragen werden sollten, usw. Anschließend kann sich die ganze Klasse – in Partnerarbeit – bei einer ersten Konversation auf den Tafelanschrieb beziehen. Bei weiteren Übungen können sich die Schüler dann selbst stichwortartig aufschreiben, was sie sagen wollen. Wenn das Spiel oft genug durchgeführt worden ist, kann man auf die schriftlichen Hilfen verzichten.

Ehe sie ihre Konversationen beginnen, sollten sich die Schüler völlig darüber im klaren sein, *wer* sie sind, *wo* sie sich befinden, *mit wem* sie sprechen und *warum* sie dies tun. Bei diesem Spiel handelt es sich nämlich nicht um eine mehr oder weniger mechanisch ablaufende Übung; die Gesprächspartner müssen sich vielmehr individuell aufeinander abstimmen und flexibel reagieren.

Sobald die Schüler mit dem Spiel vertraut sind, kann man ihnen auch zumuten, sich eigene Situationen auszudenken.

3.8 Spannung

Durchführung

Erster Durchgang. Die Klasse wird in Gruppen zu je drei Schülern aufgeteilt. Jede Gruppe denkt über irgendeine Situation nach, in der Spannungen auftreten. Diese Situation soll dann in einer szenischen Handlung (*still*, ohne Worte) so dargestellt werden, daß die typischen Merkmale der jeweiligen Spannung nachvollzogen werden können. Dazu einige Beispiele:

– Frauen eingeschlossener Bergarbeiter warten auf die neuesten Nachrichten
– Bankräuber halten einen Kassierer in Schach
– ein Liebespaar streitet sich
– eine Sekretärin schmollt, weil ihr Chef sie nicht früher nach Hause gehen läßt
– ein Mann raucht in einem Nichtraucherabteil
– im Kino raschelt jemand eine Reihe hinter dir mit Bonbonpapier

134

- Warten vor einer Telephonzelle, daß jemand ein endlos langes Gespräch beendet
- ein Spezialist entschärft eine Bombe

Jede Gruppe spielt ihre Szene einer anderen Gruppe vor. Die Zuschauer interpretieren und kommentieren, was sie sehen, ehe sie ihre eigene Handlung in Szene setzen.

Danach fällt der zuschauenden Gruppe die Aufgabe zu, die Szene, die sie betrachtet hat, zu *versprachlichen*. Diese Version wird dann einer Gruppe vorgespielt, die das Geschehen noch nicht kennt. Auch hier wird wieder interpretiert, kommentiert und kritisiert.

Zweiter Durchgang. Es werden Gruppen von je fünf oder sechs Schülern gebildet. Jede Gruppe entscheidet sich für eine Situation, in der Menschen durch irgendetwas bedroht werden. Gegen diese Bedrohung sind die Betroffenen machtlos. Einige Beispiele:

- eingeschlossene Bergarbeiter hören das Geräusch von Wasser, das immer näher kommt
- Passagiere in einem entführten Flugzeug
- Fahrgäste in einer Untergrundbahn, die in einem Tunnel ungewöhnlich lange anhält
- Menschen in einem steckengebliebenen Fahrstuhl; jemand riecht Gas
- eine Gruppe von Leuten, die bei einem Pferderennen einen hohen Einsatz gewagt hat, sitzt vor dem Radio und wartet auf die Rennergebnisse

Auch diese Szenen werden wieder als Pantomimen vorbereitet und einer anderen Gruppe vorgespielt; jeder Aufführung folgen Interpretationen und Kommentare. Wie beim ersten Durchgang versprachlichen dann die Gruppen das, was sie gesehen haben, und führen die *Version mit Wörtern* einer neuen Gruppe vor. Auch am Ende dieser Aufführung steht eine Diskussion.

Dritter Durchgang. Man unterteilt die Klasse in Gruppen zu je fünf oder sechs Schülern. Die Gruppen werden aufgefordert, sich auf eine Situation zu konzentrieren, in der ein Außenseiter eine Rolle spielt – jemand, der aus irgendeinem Grund nicht dazugehört. Bei diesen Szenen sollen die beteiligten Personen sprechen. Auch hierzu einige Beispiele:

- auf dem Höhepunkt einer Party erscheint jemand, der nicht eingeladen worden ist
- ein Fabrikarbeiter weigert sich, an einem Streik teilzunehmen
- ein Vegetarier, der zugleich Abstinenzler ist, bei einem großen Festessen
- jemand kommt am falschen Abend zu einer Party

– nach einem langen, arbeitsreichen Tag sind alle sehr müde; da erscheint der geschwätzige Nachbar, und er macht keinerlei Anstalten zu gehen
– einige Leute schauen sich einen Film im Fernsehen an; jemand kommt zu spät und will wissen, was sich bisher ereignet hat

Die Gruppen spielen ihre Szenen – wie schon zuvor – anderen Gruppen vor, und sie kommentieren und kritisieren gegenseitig ihre Aufführungen.

Anmerkungen

Diese drei Spielvorgänge verfolgen das gleiche Ziel; sie bieten den Schülern die Möglichkeit, in sprachlicher Hinsicht auf dreierlei Weise tätig zu werden: sie müssen 1. sich in der Gruppe zusammenfinden und ihre Ideen diskutieren, 2. die besprochene Handlung ausführen und schließlich 3. über ihre eigene Arbeit und über die anderer Gruppen sprechen.

Auch hier ist es wiederum angebracht, zumindest eine der vorgeschlagenen Übungen zunächst mit der ganzen Klasse durchzuführen, ehe man Gruppenarbeit ansetzt. Die Schüler sollen dazu ermuntert werden, sich die Situationen selbst auszudenken; die hier gemachten Vorschläge dienen lediglich zur Anregung.

Spielvariante

Die Situationen, in denen *Außenseiter* eine Rolle spielen (dritter Durchgang), können variiert werden, indem andere Spannungselemente ins Spiel kommen. So ließe sich z.B. vorschlagen, an eine Situation zu denken, in der alles *normal* verläuft. Dann aber ereignet sich unerwartet etwas Ungewöhnliches: eine Familie sitzt beim Frühstück; unter der Küchentür erscheint plötzlich eine gefährliche Schlange.

3.9 Länderspiegel

Durchführung

Die Klasse wird in sechs Teams aufgeteilt. Jedes Team erhält den Namen eines deutschen Bundeslandes bzw. einer britischen oder französischen Region (*Hessen. Bayern. Nordrhein-Westfalen. – London Area. Scotland. Wales. – Normandie. Paris. Bourgogne).* Die Teams bekommen mehrere deutsche, englische oder französische Zeitungen. Die Aufgabe besteht darin, Nachrichten,

Meldungen und Beiträge zu finden, die etwas mit dem Land bzw. der Region des jeweiligen Teams zu tun haben. Unter den relevanten Beiträgen suchen sich die Schüler dann eine Meldung aus, die auf besondere Weise „menschliches Interesse" erregt. Diese Meldung dient als Grundlage für ein Rundfunkinterview, in dem diejenigen Menschen zu Wort kommen sollen, die in der Meldung erwähnt sind. Die Gruppenmitglieder machen untereinander aus, wer von ihnen die einzelnen Rollen übernimmt. Im Regelfall sollten mindestens jeweils drei Personen von einem oder mehreren Reportern befragt werden. Sprachscheue Gruppenmitglieder können die Rolle des Ansagers übernehmen und den Inhalt des jeweiligen Interviews ankündigen: *Und nun aus Hessen/Berlin/Ireland/Devonshire/Paris ... die Geschichte von ...* Sie sind dann auch für die Absage zuständig: *Im Länderspiegel hörten Sie heute ... aus ... Reporter waren ... Und nun zurück ins Studio.*

Der Lehrer (oder ein Schüler) kann als Sprecher im Studio fungieren und die Nachrichten aus dem ganzen Land moderieren. Er führt in die Sendung ein und kündigt sämtliche Berichte an, ehe das erste Interview beginnt: *Heute hören Sie ... aus ..., danach aus ... die Geschichte von ...* usw. Am Ende übernimmt er die Absage: *Das wär's für heute im Länderspiegel. Wir verabschieden uns bis morgen, wenn Sie uns wieder mit Berichten aus dem ganzen Land hören können. Auf Wiederhören.*

Die Interviews aller Gruppen werden mit einem Tonbandgerät bzw. mit einem Kassettenrekorder aufgezeichnet. Nach der „Sendung" wird das gesamte Programm gemeinsam abgehört und besprochen.

Anmerkungen

Diese Übung dürfte die Schüler besonders stark motivieren – sie bietet abwechselungsreiche Möglichkeiten für unterschiedliche Aufgabenstellungen: „echtes" Lesen (Überfliegen eines Textes zum Zweck der Informationsentnahme), Notizen machen, Diskutieren und Entscheiden, indirekte Rede in direkte Rede umformulieren, auf der Grundlage von Notizen frei sprechen und nach den Interviews kritisch Stellung nehmen.

Die Übung ist allerdings relativ zeitaufwendig; man sollte zwei Unterrichtsstunden für sie vorsehen: eine Stunde für die Auswahl des Materials und für die Vorbereitung der Interviews, eine weitere Stunde für die Durchführung der Interviews und für die Besprechung der Tonaufzeichnung.

Man kann Zeit sparen, indem man den Gruppen keine vollständigen Zeitungen, sondern zuvor ausgewählte einzelne Meldungen und Berichte gibt, aus denen sie sich dann den Inhalt für ihr Interview aussuchen können. Bei diesem Vorgehen verzichtet man jedoch auf das gezielte Einüben der Fertigkeit im schnellen, sinnentnehmenden Lesen.

Spielvariante

Anstelle von Ländern und Regionen kann man den Gruppen auch Staaten oder Erdteile zuweisen. Dabei ergibt sich allerdings das Problem, daß die Schüler in vielen Fällen die Rollen von amtierenden Politikern übernehmen müssen – und damit könnten sie überfordert sein.

3.10 Das unerwartete Ende

Durchführung

Die Klasse wird in Fünfer- oder Sechsergruppen aufgeteilt. Jede Gruppe erhält einen Zettel, auf dem eine Situation beschrieben ist, die ein unerwartetes Ende nimmt (vgl. „Beispiele"). Die Gruppenmitglieder verteilen die Rollen und legen im einzelnen fest, wie sie ihre Szenen spielen wollen. Wenn die Vorbereitungen abgeschlossen sind, spielt jede Gruppe ihre Szene einer anderen Gruppe vor. Nach den Darbietungen werden die Aufführungen kritisch besprochen.

Beispiele

1. Ein Elektriker kommt in die Wohnung einer Frau und repariert den Fernsehapparat. Nachdem er seine Arbeit beendet hat, richtet er sich im Wohnzimmer der Kundin häuslich ein – offensichtlich will er dort wohnen bleiben.

2. Ein Ober in einem Restaurant steigert sich derart verbissen in die Aufgabe hinein, den Gästen verschiedene Gerichte zu empfehlen, daß er sich schließlich zu ihnen an den Tisch setzt. Am Ende werden die Mahlzeiten von einem der Gäste serviert.

3. Ein einsamer Wanderer kommt zu einem Bauern und bittet darum, sein Zelt auf einem Acker neben dem Bauernhaus aufstellen zu dürfen. Am nächsten Morgen befindet sich dort eine wahre Zeltstadt, und der Bauer wird aufgefordert, für „Dienstleistungen" wie Wasser, Toiletten, Elektrizität und Lebensmittel zu sorgen.

Diese Übung kann in sprachlicher Hinsicht auf sehr unterschiedlichen Niveaustufen ablaufen. Gute Schüler erhalten Gelegenheit, ausführlich zu argumentieren und damit viel zu sprechen. Aber auch der lernschwächere Schüler kommt zum Zuge, da er sein Anliegen bereits mit geringem sprachlichen Aufwand verständlich machen und durchsetzen kann.

Wenn die Schüler mit der Zielsetzung und der Durchführung des Spiels vertraut sind, kann man ihnen zumuten, sich auch eigene Situationen mit einem unerwarteten Ende auszudenken.

3.11 Rollenspiele

Durchführung

Erster Durchgang. Die Klasse wird in Gruppen zu je sechs Schülern aufgeteilt. Jede Gruppe erhält sechs Informationskärtchen, von denen jeweils zwei zusammengehören (vgl. „Informationskärtchen – Beispiele"). Innerhalb einer jeden Gruppe werden Schülerpaare gebildet; jedes Paar erhält zwei zusammengehörige Kärtchen. Nacheinander spielen die Schülerpaare dann kleine Szenen, in denen sie darstellen, was sie auf ihren Informationskärtchen gelesen haben. Keiner in der Gruppe darf erfahren, was auf den Kärtchen der Mitspieler steht. Die Darbietungen werden von den zuschauenden Gruppenmitgliedern kommentiert.

Informationskärtchen - Beispiele

1. A: B ist dein Freund/deine Freundin. Du weißt, daß er/sie Sorgen hat. Versuche, ihn/sie zu trösten.

   B: A ist dein Freund/deine Freundin. Du bist in guter Stimmung. Er/sie verhält sich merkwürdig. Was ist los mit ihm/ihr?

2. A: B ist jemand, an den du dich aus alter Zeit erinnerst. Es fällt dir ein, daß ihr früher viel miteinander unternommen habt. B scheint es schwerzufallen, sich daran zu erinnern.

   B: Es spricht dich jemand an, den du nicht kennst. Er sagt, vor vielen Jahren hättet ihr euch gut gekannt. Du hast ihn jedoch nie zuvor gesehen und traust ihm nicht.

3. A: Du hast einen sehr interessanten Menschen kennengelernt. Er hat dich zum Essen in ein Luxusrestaurant eingeladen. Vor einer Viertelstunde ist er weggegangen, um ein Telephongespräch zu führen. Der Geschäftsführer hat inzwischen die Rechnung gebracht und glaubt nicht, was du ihm erzählst.

   B: Du bist Geschäftsführer in einem Luxusrestaurant. In der letzten Zeit ist es öfter vorgekommen, daß Gäste gegángen sind, ohne zu bezahlen, oder sie haben ihre Rechnungen mit ungedeckten Schecks beglichen. Der Gast am Ecktisch scheint dir sehr verdächtig; darum bringst du ihm/ihr die Rechnung persönlich.

1. A: B is your friend. You know he/she has a secret worry. Go and reassure him/her.

   B: A is your friend. You are feeling fine. He/she is acting very strangely. What is wrong with him/her?

2. A: B is someone you remember from years ago. You can remember many things you did together. B seems to have difficulty in remembering.

   B: An odd person comes up to you. He says you were friends years ago. You have never met him before and you suspect his motives.

3. A: You met a very interesting person today who invited you to lunch in a luxury restaurant. He went out to make a telephone call a quarter of an hour ago. The manager has come to your table with the bill and does not believe what you tell him.

   B: You are the manager of a big restaurant. Recently a lot of people have cheated you by leaving without paying the bill or by giving bad cheques. The person at the corner table looks suspicious, so you take the bill to him/her yourself.

1. A: B est ton ami/e. Tu sais qu'il/elle a un ennui dont il/elle ne veut pas parler. Va le/la rassurer.

   B: A est ton ami/e. Toi, tu te sens bien, mais lui/elle a un comportement bizarre. Que lui arrive-t-il?

2. A: B est quelqu'un que tu as connu il y a plusieurs années. Tu lui rappelles certaines choses que vous avez faites ensemble. B semble avoir du mal à s'en souvenir.

   B: Une personne étrange t'accoste. Elle prétend que vous étiez amis il y a longtemps de cela. Tu ne l'as jamais vue auparavant et tu te méfies.

3. A : Tu as fait la connaissance d'une personne très intéressante et elle t'a invité
à déjeuner dans un restaurant de luxe. Elle est sortie, il y a maintenant un
quart d'heure, pour aller téléphoner. Le patron vient à ta table avec
l'addition et ne croit pas ce que tu lui dis.

   B : Tu es le patron d'un grand restaurant. Récemment, beaucoup de gens sont
partis sans payer ou en te faisant des chèques sans provision. La personne
qui est à la table du coin te paraît suspecte. Aussi, tu lui apportes toi-même
l'addition.

Zweiter Durchgang. Es werden Gruppen von je fünf oder sechs Schülern gebildet.
Jedes Gruppenmitglied erhält ein Rollenkärtchen; die zugewiesenen Rollen
sollen alle in der gleichen Situation dargestellt werden. Ehe dies verwirklicht
werden kann, müssen sich die Schüler jedoch zunächst darüber unterhalten,
welche Informationen sie auf ihren Kärtchen erhalten haben, da kein einzelnes
Kärtchen ausreicht, um den Gesamtzusammenhang der Situation verstehen zu
können. Wenn allen klar ist, worum es geht, kann das Rollenspiel beginnen.
Nach der Darbietung werden die erbrachten Leistungen *innerhalb* einer jeden
Gruppe besprochen.

Rollenkärtchen – Beispiele

Fräulein Peters
Miss Robinson
Mademoiselle Colin

Du bist eine umständliche alte Dame. Du magst junge Leute nicht, und du traust
ihnen auch nicht. Du magst Menschen, die sich intensiv um dich kümmern.

Ach du lieber Himmel!
Wie schrecklich!
Ich mag es nicht, wenn...
Ich kann keine Menschen ertragen, die...
Keinerlei Manieren.
Kann denn nicht mal jemand...?
Warum macht denn niemand...?
Das ist allein deine Schuld. Du...
Das muß dieses Kind gewesen sein. Es...
Man kann sich heute auf nichts mehr verlassen.
Mein Gott, ich glaube, ich werde ohnmächtig!

Good gracious me!
How awful!

141

I cant' stand being...
I can't stand people who...
No manners.
Can't anyone...?
Why doesn't someone...?
It's all your fault. You...
Well it must be that child. He must have...
You can't rely on anything these days.
Oh dear. I think I'm going to faint.

Oh, mon Dieu!
C est affreux!
Je ne supporte pas que...
Je ne supporte pas les gens qui...
Aucune éducation!
Est-ce qu'il n'y a pas quelqu'un qui pourrait...
Pourquoi personne ne...?
C'est bien de votre faute. Vous...
Cela doit être cet enfant. Il a dû...
On ne peut compter sur personne, de nos jours.
Oh, je crois bien que je vais m'évanouir!

Frau Meier
Mrs Jackson
Madame Hardin

Du bist eine geschäftige, besorgte Hausfrau. Du hast einen Kuchen im Ofen
stehen. Deinen Sohn Thomas nimmst du immer in Schutz

Aber nein (doch)!
Und mein Kuchen. Er verbrennt doch, wenn ich nicht...
Wie meinst du das?
Mein Sohn?
Er kann doch unmöglich...
Wie kannst du es wagen, so etwas zu sagen!
Paß auf – wir können hier nicht den ganzen Tag rumstehen.
Kann denn nicht mal jemand...?
Gibt es denn nicht...?
Das erinnert mich an...
Gottseidank!

142

Oh no!
And my pie. It'll burn, unless...
What do you mean?
My son?
He can't possibly have...
How dare you say things like that!
Look we can't stay here all day.
Can't anyone...?
Isn't there...?
This reminds me of...
Oh. Thank goodness for that.

Oh non!
Et ma tarte qui va brûler, si je ne...
Qu'est-ce que tu veux dire?
Mon fils?
C'est impossible qu'il ait...
Comment peux-tu dire des choses pareilles!
On ne peut passer toute la journée ici.
Est-ce que personne ne pourrait...?
N'y a-t-il rien qui...?
Cela me rappelle...
Ah! Dieu merci!

Thomas
Tommy

Du bist ein ungezogenes Bürschchen im Alter von acht oder neun Jahren. Deine
Mutter verwöhnt dich.

Guck! Jetzt haben wir angehalten.
Wie lange werden wir denn...?
Ich hab' den Knopf nicht angerührt. Er war es!
Mams, diese Frau da hat mir wehgetan!
Glaubst du, daß...?
Schade. Es fing gerade an, schön zu werden.

Hey. We've stopped.
How long are we going to...?
I didn't touch the button. It was him.
Mummy that lady pinched me.

Do you think...?
Pity. I was starting to enjoy myself.

Regarde! On s'est arrêté!
Combien de temps on va...?
J'ai pas touché le bouton. C'était lui.
Maman, cette femme m'a frappé!
Tu crois que...?
Maintenant que ça commençait à devenir intéressant... Quel dommage!

Jakob
Jack
Jacques

Du bist 18 Jahre alt und hast eine Verabredung mit deiner Freundin. Das letzte
Mal hast du sie warten lassen, und darum möchtest du diesmal nicht zu spät sein.
Du hast dich im letzten Augenblick gerade noch in den Aufzug gezwängt. Du
bist nicht gerade freundlich.

Verflixt nochmal!
Glück gehabt!
Dafür kann ich nichts.
Ach, sei doch still.
Was glaubst du denn überhaupt, wen du vor dir hast?
Warum bist du nicht...?
Ich kann es mir nicht leisten, schon wieder zu spät zu kommen.
Das hat noch nicht geklappt.
Na, endlich.

Oh, hell!
Just my luck!
It's not my fault.
Oh shut up!
Who du you think you're criticising?
Why don't you...!
I can't afford to be late again.
It never has worked properly.
Oh – at last.

Oh, c'est pas vrai!
C'est bien ma chance!
C'est pas de ma faute!

144

Ah! La paix!
Qu'est–ce que c'est que ce ton?
Pourquoi ne...tu/vous pas...
Je ne peux pas me permettre d'être encore en retard.
Il n'a jamais marché correctement.
Ah, quand même!

Dr. Lehmann
Dr. Higgins
Dr. Matier

Du bist auf dem Weg zu einem Patienten, der sehr krank ist. Du bewunderst
dich selbst wegen deiner Ruhe und Gelassenheit!

Was für ein/e . . .!
Nun seid doch mal ruhig!
Keine Sorge, es dauert nicht lang.
Versuchen wir doch mal . . .
Es gibt überhaupt keinen Grund zur/zum . . .
Es muß doch . . .
Wie wär's denn mit dem Notruf?
Mein Gott! Das ist doch eine Sache von Leben und Tod!
Du liebe Zeit . . .
Aha. Das beruhigt mich.

What a . . .!
Keep calm everyone.
Don't worry. It won't last long.
Let's try . . .ing . . .
There's no point in . . .ing.
There must be . . .
What about . . . alarm bell?
My God. This is a matter of life and death.
For goodness sake . . .
Ah. That's a relief.

Quel . . .!
Il ne faut surtout pas s'affoler!
Ne vous en faites pas. Ce ne sera pas long.
Nous allons essayer de . . .
Il n'y a pas lieu de . . .
Cela doit être . . .

Et le système d'alarme?
Mon Dieu! Mais, c'est une question de vie ou de mort!
Sain et sauf ...
Ouf! Quel soulagement!

Anmerkungen

Beim angeführten Beispiel liegt der Schlüssel zur Erschließung der Situation in den Anweisungen auf dem Rollenkärtchen für Jakob: die Personen treffen in einem Aufzug aufeinander, und während der Fahrt bleibt er stecken.

Sowohl beim ersten als auch beim zweiten Durchgang kann sich der Schüler auf vorgegebene Informationen beziehen und ist darum in sprachlicher Hinsicht nicht völlig auf sich allein gestellt; wenn nötig, kann er beim Sprechen auf die Formulierungen seines Kärtchens zurückgreifen. Er braucht sich jedoch keineswegs nur auf diese Formulierungen zu beschränken; er kann sich vielmehr im Sinn der jeweiligen Aufgabenstellung frei entfalten, und er darf spontan auf das reagieren, was seine Gesprächspartner sagen. Auch wenn es sich bei diesen Gesprächen nur um belanglose und sprachlich einfache Dinge handelt, ist das Spiel dennoch übenswert, weil es dazu beitragen kann, das Selbstvertrauen der Schüler in ihre fremdsprachlichen Fähigkeiten zu stärken.

3.12 Besucher aus dem Weltraum

Durchführung

Man teilt die Klasse in Vierergruppen auf. Jede Gruppe legt fest, welche *zwei* ihrer Mitglieder Weltraumbesucher sein sollen, die gerade mit einer „fliegenden Untertasse" gelandet sind. Diese beiden Schüler ziehen eine *Maske* über ihr Gesicht. Dann legen sie sich völlig bewegungslos auf den Boden. Sie können weder sehen, hören, atmen, stehen, gehen, noch sich auf irgendeine Weise bewegen. Die beiden anderen Gruppenmitglieder versuchen, den Besuchern aus dem Weltraum beizubringen, wie man atmet, steht, geht, usw. Sie tun dies, indem sie es vormachen und dabei sprechen.

Anmerkungen

Diese Übung schult Sprachfertigkeiten in Verbindung mit Handlungen, die andere dazu veranlassen sollen, sich an der gemeinsamen Bewältigung einer Aufgabe zu beteiligen.

146

3.13 Gespielte Geschichten

Durchführung

Die Klasse wird in Sechsergruppen aufgeteilt. Jede Gruppe erhält Masken. Die Gruppenmitglieder bereiten gemeinsam die pantomimische Darstellung einer Geschichte vor, die unter einem bestimmten Thema steht. Beispiele: der Lebenslauf eines Menschen, Aufstieg und Ende eines Diktators, eine Legende, ein Märchen.

Wenn die Vorbereitungen abgeschlossen sind, legen die Schüler ihre Masken an und führen die Pantomime auf; wo dies möglich ist, sollte sie durch passende Musik begleitet werden. Die anderen Gruppen schauen zu und versuchen, das Thema der Pantomime zu erraten. Nach jeder Aufführung werden die Darbietungen kritisch besprochen.

Anmerkungen

Die Verwendung von Masken ist ein äußerst wirksamer und eindrucksvoller theatralischer Effekt. Überdies bieten sie den weniger spielfreudigen oder scheuen Schülern die Möglichkeit, ihre Nervosität zu verbergen. Die gemeinsame Besprechung am Ende einer jeden Aufführung führt in der Regel zu lebendigen, engagierten Diskussionen, weil über etwas beraten wird, das die Schüler persönlich betrifft und an dem sie deshalb echt interessiert sind.

3.14 Das fremde Ich

Durchführung

Diese Übung kann als Einzel-, Partner- oder Kleingruppenarbeit (nicht mehr als vier Schüler) durchgeführt werden. Die Schüler erhalten eine *große* Auswahl von Bildern, auf denen Menschen zu sehen sind, die aus irgendeinem Grunde interessant erscheinen. Bilder bekannter Persönlichkeiten des öffentlichen, kulturellen oder politischen Lebens dürfen nicht verwendet werden. Aufgabe der Schüler ist es, sich unter den Bildern eine Person auszusuchen, die sie selbst gerne „werden" möchten. Sie erhalten eine halbe Stunde Zeit, sich in das „fremde Ich" hineinzuversetzen. Dazu dienen die folgenden Leitfragen.

Das Bild

Aus welcher Umgebung stammt der Bildausschnitt?
Welchen Eindruck vermittelt das Bild?

Was wird dargestellt?
Was befindet sich in der Nähe?
Was macht die abgebildete Person hier?
Könnten andere Menschen in der Nähe sein?
Was liegt hinter dem Horizont?
Wie sieht der abgebildete Ort aus? Wie riecht es da? Was ist dort zu hören?
Was machen Menschen hier?

What is outside the frame of the picture?
What kind of place is it?

148

What is the scene?
What is near to it?
What is this person doing here?
Who is nearby?
What is over the horizon?
How does this place smell, sound, look?
What do people do here?

Reconnaissez-vous la région où cette photo a été prise?
Comment la trouvez-vous?
Qu'est-ce que vous voyez sur cette photo?
Que fait la personne que vous voyez sur la photo?
Est-il possible, à votre avis, qu'il y ait d'autres gens à proximité?
Qu'est-ce que vous voyez à l'horizon?
Qu'est-ce qu'on entend, dans cet endroit? Qu'est-ce que ça sent? Quelle impression vous fait-il?
Que font les gens, ici?

Die Person

Name, Alter, Geburtsort – Stadt, Land, Familie, jetziger Wohnort?
Arbeit, Ausbildung, Beruf, Karriere.

149

Wann bist du am glücklichsten gewesen?
Worauf bist du am meisten stolz?
Wie schaust du aus: elegant, schäbig, zuversichtlich, ängstlich, häßlich, trotzig,
untertänig, zurückgezogen, schön, normal?
Was liebst, haßt, bewunderst und fürchtest du?
Wann bist du von zuhause weggegangen? Warum? Wie?
Wann bist du zurückgekommen?
Wo wohnst du?
Was hat dich hierher gebracht?
Wohin gehst du von hier aus?

150

Wen wirst du dort treffen?
Wie gehst, sitzt, stehst, sprichst und riechst du? Wie begegnest du anderen?

Name, age, where born – city, country, family, where now?
Job, profession, occupation, career.
When have you been the most happy?
What has made you the most proud?
What do you look like: elegant, shabby, confident, anxious, ugly, defiant, obedient, withdrawn, beautiful, plain?

What do you love, hate, admire, fear?
When did you leave home? Why? How?
When did you return?
Where do you live?
What brought you to this place?
Where are you going?
Who will be there?
How do you walk, sit, stand, speak, meet others, smell?

Nom, âge, lieu de naissance – ville, pays, situation de famille, domicile actuel?
Profession, occupation, carrière.
Quand as-tu été le plus heureux?
Qu'est-ce qui t'as rendu le plus fier?
Comment te trouves-tu: élégant, négligé, sûr de toi, anxieux, laid, arrogant, sage, renfermé, beau, quelconque?
Qu'est-ce que tu aimes, détestes, admires, crains?
Quand es-tu parti de chez toi? Pourquoi? Comment?
Quand y es-tu retourné?
Où habites-tu?
Qu'est-ce qui t'a amené ici?
Où vas-tu?
Qui sera là?
Comment est-ce que tu marches, tu t'assieds, tu te tiens debout, tu parles, et de quelle manière te comportes-tu avec les autres, qu'est-ce que tu sens?

Jede Einzelperson, jedes Schülerpaar oder jede Gruppe stellt sich dann anderen Paaren oder Gruppen bzw. der ganzen Klasse vor. Das muß in der 1. Person Singular geschehen:
Ich heiße ... und ich wohne in ... Ich bin ... Jahre alt. ...
My name's ... and I live ... I'm ... years old. ...
Je m'appelle ... et j'habite ... J'ai ... ans.

Die Zuschauer machen sich Notizen und stellen anschließend zusätzliche Fragen:

Was macht dein Bruder?
Bist du gern zur Schule gegangen?

What does your brother do?
Did you enjoy school?

Que fait ton frère?
Est-ce que tu aimais l'école?

Anmerkungen

In diesem Spiel werden die Aufgabenstellungen der Übungen *Portraitaufnahmen* (Seite 108), *Die unermüdlichen Fragesteller* (Seite 110) und *Das Bilderspiel* (Seite 113), in denen es ebenfalls um Bilder geht, aufgegriffen und weiterentwickelt. Wenn es in Partner- oder Gruppenarbeit durchgeführt wird, kann man mit lebhaften Diskussionen rechnen.

Eine Ausbaumöglichkeit ergibt sich dadurch, daß man drei oder vier Bilder auswählt und den Schülern, die sich mit den Personen auf diesen Bildern identifiziert haben, die Aufgabe stellt, einen Sketch auszuarbeiten, in denen sie gemeinsam auftreten.

3.15 Überredungskunst

Durchführung

Erster Durchgang. Das Spiel wird in Partnerarbeit durchgeführt. Jeder Schüler entscheidet sich für einen Gegenstand, der ihm gehört und der ihm – zumindest im Rahmen dieses Spiels – besonders am Herzen liegt. Er möchte ihn nicht hergeben, und er muß das begründen. Sein Partner soll nun allerdings versuchen, ihn zu überreden, sich doch von dem Gegenstand zu trennen. Nach drei oder vier Minuten gibt man bekannt, daß einer der beiden Partner jetzt auf seinen Gegenstand verzichten soll – aber nur mit gutem Grund!

Zweiter Durchgang. Es werden Gruppen von je drei Schülern gebildet. Ein Gruppenmitglied besetzt ein kleines „Hoheitsgebiet". Dieser Schüler muß festlegen, *wer* er ist, *wo* er sich befindet und *warum* er nicht erlaubt, daß jemand sein Gebiet betritt. Die beiden anderen Gruppenmitglieder versuchen, ihn zu überreden, sie doch hineinzulassen. Um das erreichen zu können, müssen sie zunächst herausfinden, wer der Besitzer des Gebietes ist und wo das Gebiet liegt.

152

Die Gruppenmitglieder erhalten nacheinander Gelegenheit, ihr „Hoheitsgebiet" zu verteidigen. Der zweite Durchgang wird also insgesamt dreimal gespielt.

Anmerkungen

Bei diesem Spiel werden die sprachlichen Funktionen aktiviert und eingeübt, wie man jemand *überredet,* wie man etwas *ablehnt* und wie man nach langem Drängen *nachgibt.* Man sollte genau auf die Einhaltung der Zeit achten – das Spiel kann nämlich schnell außer Kontrolle geraten. Man kann allerdings auch die gegenteilige Erfahrung machen: schon nach kurzer Zeit wissen die Schüler nicht mehr, was sie sagen sollen. Für diesen Fall sei empfohlen, das Spiel zu unterbrechen und zunächst gemeinsam mit der Klasse Ausdrücke und Wendungen zusammenzustellen, die man zur Durchführung der Übung benötigt (Tafelanschrieb, Folie für den Tageslichtprojektor – daran können sich die Schüler anschließend orientieren).

3.16 Das verdeckte Tablett - für Fortgeschrittene

Durchführung

In dem Spiel *Das verdeckte Tablett* (Seite 94) müssen sich die Schüler an Gegenstände erinnern, die sie zuvor gesehen haben. Nachdem dieses Spiel beendet worden ist, werden einige Gegenstände entfernt, so daß nur noch fünf oder sechs übrigbleiben. Man sagt den Schülern, daß diese Gegenstände mit einem Drama zu tun haben, das aus drei Akten besteht. Zwei Akte sind bereits aufgeführt worden; der dritte Akt soll gleich beginnen. In Vierergruppen erarbeiten die Schüler nun gemeinsam, 1. was in den Akten 1 und 2 bisher geschehen ist, 2. worum es im 3. Akt gehen wird.

Für die erste Aufgabe bereiten sie eine *beschreibende* Inhaltsangabe vor; für den letzten Akt müssen sie einen Sketch ausarbeiten, der *vorgespielt* werden soll. Wenn sie ihre Vorbereitungen abgeschlossen haben, spielen sie diesen Sketch einer anderen Gruppe vor. Anschließend werden die Aufführungen kommentiert und kritisch miteinander verglichen.

Anmerkungen

Durch die Auswahl der Gegenstände kann man den Gang der Handlung in eine bestimmte Richtung lenken. Eine Rose, ein Brief, ein Messer, ein Damenhandschuh, das Bild eines Kindes und ein leeres Glas werden mit Sicherheit zu einer anderen Geschichte anregen als eine Taschenlampe, eine Brille, ein Wörterbuch Russisch-Deutsch/Englisch/Französisch, ein Schraubenzieher, eine Fahrkarte und ein zerrissenes Kleidungsstück.

Man braucht für dieses Spiel relativ viel Zeit. Folgende Planung sei empfohlen:

1. Stunde: *Das verdeckte Tablett* (Seite 94)
        Die Gruppen denken sich Geschichten für das Drama aus

2. Stunde: Der 3. Akt des Dramas wird in allen Einzelheiten für die Aufführung
        vorbereitet
        Er wird einer anderen Gruppe vorgespielt
        Die Aufführung wird besprochen

Die Durchführung dieser Übung erfordert den vollen Einsatz aller Beteiligten. Die Schüler müssen nicht nur diskutieren und Entscheidungen treffen, sondern sie haben darüber hinaus ihre Ideen auch noch in Handlungen umzusetzen – Interaktion vollzieht sich im szenischen Spiel!

3.17 Vergangenheit und Zukunft

Durchführung

Die Klasse wird in Gruppen von je vier Schülern eingeteilt. In jeder Gruppe spielen zwei Schüler ein altes Ehepaar (oder zwei sehr gute Freunde, die sich nach langer Zeit gerade wieder getroffen haben). Sie sprechen über die Vergangenheit; sie erinnern sich an vieles, das sie getan haben, als sie noch jung waren.

Die beiden anderen Gruppenmitglieder spielen dasselbe Paar in dessen Jugendzeit. Sie achten genau darauf, was das erste Paar erzählt. Nach drei oder vier Minuten spielen sie dann die Ereignisse vor, von denen sie gehört haben. Dabei sprechen sie auch über ihr späteres Leben und stellen sich konkret vor, was einmal sein wird.

Nach einigen Minuten tritt das Paar wieder in Aktion und stellt dar, was das zweite Schülerpaar vorausgesagt hat.

Der Wechsel zwischen dem „alten" und dem „jungen" Paar – zwischen Vergangenheit und Zukunft – kann mehrmals erfolgen.

Anmerkungen

Man muß darauf achten, daß keines der Paare Gelegenheit erhält, zu lange zu sprechen und damit die Aufmerksamkeit nur auf sich zu lenken.

Eine Fortführung der Übungsarbeit könnte darin bestehen, die Gruppen aufzufordern, einen „Lebenslauf" ihrer Paare zu schreiben. Die Ergebnisse können dann in der Klasse gemeinsam miteinander verglichen und diskutiert werden.

3.18 Die Mitteilung

Durchführung

Dieses Spiel wird in Partnerarbeit durchgeführt. Beide Schüler eines jeden Paares erhalten einen Zettel, auf dem jeweils eine unterschiedliche Mitteilung (in Form eines Satzes) notiert ist; diesen Satz sollen sie sich einprägen. Der Partner darf nicht wissen, wie der Satz lautet. Je ungewöhnlicher die Mitteilungen sind, umso schwieriger – aber auch lustiger – wird das Spiel ausfallen. Einige Beispiele: Die Tauben greifen immer meine Katze an. Peters Vater hat gestern Abend einen Eintopf gekocht. Herr Müller hat die Klassenarbeit schon wieder nicht zurückgegeben. Das Ei war eckig!

Man sagt den Schülern, daß sie sich zufällig (auf der Straße, im Park) treffen. Sie sollen sich miteinander unterhalten. Jeder Schüler versucht, die Unterhaltung so zu steuern, daß er seinen Satz *auf natürliche Weise* in das Gespräch einfließen lassen kann.

Die Übung sollte zwei- oder dreimal mit jeweils anderen Partnern wiederholt werden.

Anmerkungen

Aller Voraussicht nach wird es bei der Durchführung dieses Spiels sehr fröhlich zugehen. Dabei üben die Schüler gleichzeitig eine Fertigkeit ein, die sie bei normalen Alltagsgesprächen gut verwenden können: sie lernen, wie man den inhaltlichen Verlauf eines Gesprächs *lenken* kann.

3.19 Gefangen

Durchführung

Die Klasse wird in Gruppen zu je sechs Schülern eingeteilt. Die Schüler stellen sich vor, sie gehörten zu einer Gruppe von Menschen, die in einem steckengebliebenen Aufzug zusammengetroffen sind. Man gibt ihnen einige Minuten Zeit, darüber nachzudenken, *wen* sie darstellen und *wie* sie reagieren wollen. Dann wird die Szene gespielt. Die Schüler stehen dabei in einem zuvor festgelegten, engen Raum dicht beieinander (diesen Raum kann man z.B. durch Kreidestriche auf dem Fußboden markieren). Nach zwei oder drei Minuten gibt man bekannt, daß sich der Aufzug wieder in Bewegung gesetzt hat. Wie reagieren die verschiedenen Personen jetzt?

Spielvariante

Die gleiche Übung kann man auch in anderen Situationen durchspielen: ein Unterseeboot befindet sich unter Wasser und kann nicht aufsteigen, ein Zug rast durch die Gegend und kann nicht angehalten werden, ein Schneesturm hat eine Berghütte von der Außenwelt abgeschnitten.

Anmerkungen

Für die Gruppenbildung sind sechs Personen vorgesehen, um den weniger leistungsstarken Schülern die Möglichkeit zu bieten, sich an den Gesprächen zu beteiligen, auch wenn sie nicht allzu viel sagen können. In jedem Fall werden sie z.B. Angst zum Ausdruck bringen können – *Ach du liebe Zeit! I'm afraid. Mon Dieu!* genügt völlig. Das Gefühl, sich überhaupt beteiligt zu haben, dürfte sie genauso befriedigen, wie es einen lernstarken Schüler motiviert, wenn er sagen kann: *Warum kommt denn niemand und hilft uns!*

In der Nachbereitungsphase kann man sich von den Gruppen einige Sätze sagen lassen, die während des Spiels geäußert worden sind. Man schreibt sie an die Tafel und kann auf diese Weise zeigen, wie unterschiedlich Furcht, Angst, Gelassenheit, Erleichterung usw. zum Ausdruck gebracht werden können.

3.20 Menschen, Plätze, Probleme und Dinge

Durchführung

Erster Durchgang. Es werden Zettel vorbereitet, auf denen je ein *Thema* notiert ist. Auf anderen Zettel wird jeweils eine *Szene* angegeben. Einige Beispiele:

Thema	Szene
Verbrechen zahlen sich nicht aus	im Verbrauchermarkt
Niemand liebt mich	auf dem Flugplatz
Jeder bekommt, was er verdient	in einem Fernfahrer-Café
Denke nicht an morgen	auf einem Bauplatz
Ausländer sind schrecklich	im Deutschen Museum
Frauen/Männer sind alle gleich	in einer U-Bahn-Station
Sie . . . immer . . .	bei einem Picknick

Crime does not pay	at a supermarket
Nobody loves me	in an airport
You get what you deserve	at a transport café
Live now, pay later	on a building site
Foreigners are terrible people	in the British Museum
Women/men are all the same	on a tube train
They're always . . .	on a picnic

Le crime ne paie pas	dans un supermarché
Personne ne m'aime	à l'aéroport
Tu as eu ce que tu méritais	dans un café de routiers
Vis sans penser au lendemain	sur un chantier
Les étrangers sont effrayants	au Louvre
Les hommes/femmes sont tous/toutes pareils/pareilles	dans le métro
Il y a toujours . . .	à un pique-nique

Auf dem Lehrertisch werden zwei Kästchen aufgestellt; in einem davon liegen die Themen-Zettel, im anderen die Szenen-Zettel. Die Klasse wird in Gruppen zu je fünf Schülern aufgeteilt. Ein Vertreter einer jeden Gruppe kommt nach vorn und nimmt aus jedem Kästchen einen Zettel. Die Gruppen bereiten dann eine kurze Spielszene vor, in der das jeweilige Thema und die Szene, die auf ihren Zetteln stehen, verarbeitet sein müssen (Beispiel: *Niemand liebt mich + im Deutschen Museum*. Die Personen, die in der Spielszene auftreten, können beliebig bestimmt werden. Wenn die Vorbereitungen abgeschlossen sind, wird der Sketch einer anderen Gruppe vorgespielt. Die Zuschauer kommentieren und kritisieren die Aufführung, nachdem sie sie gesehen haben.

Zweiter Durchgang. Es werden Zettel vorbereitet, auf denen jeweils eine Person, ein Ort, die Zeit und das Wetter angegeben sind.

Person	Ort	Zeit	Wetter
ein Schaffner	ein Schiff	Mitternacht	regnerisch
ein Flugzeugentführer	eine Wohnung	Nachmittag	neblig
ein Landstreicher	ein Strand	Abend	windig
ein Bankdirektor	ein Wald	1914	stürmisch
ein Popstar	eine Eisfabrik	20.00	orkanartig
a bus conductor	a ship	midnight	showery
a hijacker	a flat	after lunch	foggy
a tramp	a beach	dawn	a drought
a bank-manager	a forest	1914	a gale
a pop star	an ice-cream factory	20.00	a hurricane
un conducteur de bus	un bateau	à minuit	pluvieux
un auto-stoppeur	un appartement	après-midi	brumeux
un vagabond	une plage	le matin	la sècheresse
un directeur de banque	une forêt	en 1914	une tempête
un chanteur pop	une usine	à vingt heures	un ouragan

Die Zettel werden in vier verschiedene Kästchen gelegt. Die Klasse wird in kleine Gruppen (zu je vier oder fünf Schülern) aufgeteilt. Ein Mitglied jeder Gruppe nimmt aus jedem Kästchen einen Zettel, aus dem Kästchen mit den *Personen* jedoch *drei* Zettel. Auf der Grundlage der vorliegenden Informationen werden nun wieder kurze Szenen vorbereitet, die anschließend anderen Gruppen vorgespielt werden. Nach jeder Aufführung werden die Darbietungen besprochen.

Anmerkungen

Die Informationen auf den Zetteln sollen nicht anderes bewirken, als den Schülern Ausgangsmaterial zu liefern, mit dem sie dann selbständig, frei und kreativ umgehen können. Auch bei diesem Spiel wird es wiederum zu Gesprächen kommen, deren Inhalt die Schüler persönlich betrifft; sie müssen sich auf eine Geschichte einigen, untereinander Rollen verteilen, Kommentare abgeben und gegenseitig Kritik üben.

3.21 Worum geht es?

Durchführung

Es werden Großgruppen von je acht bis zehn Schülern gebildet. Aus jeder Gruppe werden zwei Schüler ausgewählt. Sie erhalten den Auftrag, diese Übung für die folgende Stunde vorzubereiten: sie sollen sich ein Gespräch ausdenken, in dem sie nicht ausdrücklich erwähnen, *worüber* oder *über wen* sie sprechen.

In der folgenden Stunde tragen sie das Gespräch ihren Gruppenmitgliedern vor. Deren Aufgabe ist es, die näheren Umstände der Unterhaltung zu ermitteln. Ein Beispiel:

A: Da dachte ich, ich sollte lieber gehen.
B: Nach all dem kann ich das schon verstehen.
A: Ich war mir nicht sicher. Es hat ja auch niemand bemerkt. Aber in der Ecke saß eine Frau, die immer zu mir rüberschaute, und darum . . .
B: Ja. Sicher ist sicher.

A: So that's when I thought I'd better leave.
B: Well after all that I can see why.
A: I didn't know. No one had really noticed. But there was this woman in the corner who kept looking over my way, so . . .
B: Yes. It's always best to be on the safe side.

A: C'est à ce moment-là que je me suis dit qu'il valait mieux que je parte.
B: Evidemment, dans ces conditions, je comprends.
A: Je n'étais pas bien sûr. D'ailleurs, personne ne s'en est vraiment aperçu. Mais il y avait cette femme, dans le coin, qui n'arrêtait pas de me regarder, alors . . .
B: Oui. Il vaut mieux se sentir en sécurité.

Anmerkungen

Diese Übung kann mit *Variationen über ein Thema* (Seite 107) verglichen werden; allerdings haben die Schüler hier das Dialogmaterial selbst zu erstellen. Darum ist es eine Übung für Fortgeschrittene, und auch unter ihnen sollte man für die Vorbereitung der Gespräche nur die besten Schüler auswählen.

3.22 Alibi

Durchführung

Den Schülern wird mitgeteilt, daß ein Verbrechen begangen worden ist und daß sie unter Verdacht stehen, es verübt zu haben. Die Klasse wird in Schülerpaare aufgeteilt. Jedes Paar erhält den Auftrag, für eine bestimmte Zeit ein Alibi vorzubereiten – z.B. für den vorangegangenen Tag zwischen acht Uhr abends und Mitternacht. Da die beiden Schüler von sich behaupten sollen, sie hätten die fragliche Zeit zusammen verbracht, müssen sie *lückenlos* nachweisen können, was sie gesehen oder getan haben.

Die Vorbereitungszeit beträgt 15 Minuten. Dann wird ein Schülerpaar ausgewählt. Einer der beiden Schüler muß den Zeugenstand betreten, der andere wird aus dem Raum geschickt. Jetzt wird eine Gerichtsszene gespielt: ein Schüler übernimmt die Rolle des Staatsanwaltes; er wird von mehreren anderen „Anklägern" unterstützt. Der „Angeklagte" wird aufgefordert, einen genauen Rechenschaftsbericht über die fragliche Zeit zu geben. Während er berichtet, machen sich alle anderen Notizen. Nach dem Ende des Vortrags dürfen zusätzliche Fragen gestellt werden; auch hier werden die Antworten wieder stichwortartig aufgeschrieben.

Danach wird der zweite Schüler wieder in den Raum zurückgerufen. Auch er gibt seinen Bericht und wird anschließend befragt. Dabei wird natürlich versucht, ihn zu Aussagen zu veranlassen, die von denen seines Partners abweichen.

Anmerkungen

Bei diesem Spiel werden viele Fertigkeiten aktiviert: die Schüler eines jeden Paares müssen miteinander diskutieren, es müssen Fragen formuliert und gestellt werden, man muß sich an früher gemachte Aussagen erinnern, Fakten stichwortartig niederschreiben und von diesen Notizen Gebrauch machen, u.a.

Bei den Zusatzfragen darf der Lehrer zunächst Hilfen geben, damit den Schülern klar wird, wie man die „Angeklagten" verunsichern kann. Er könnte z.B. nach dem Wetter fragen – wenn die Schüler bei der Vorbereitung ihres Alibis nicht darüber gesprochen haben, wird der erste Schüler eine Aussage machen, die möglicherweise nicht mit der seines Partners übereinstimmt. Nach einigen Beispielen dieser Art kann man den Dingen aber ihren Lauf lassen – die Schüler erkennen schnell, worauf es ankommt, und sie werden mit einfallsreichen Fragen nicht zurückhaltend sein.

Spielvariante

Wenn die Klasse zu groß ist, um Partnerarbeit durchführen zu können, lassen sich auch Vierergruppen bilden. Hier braucht ebenfalls nur ein Gruppenmitglied aus der Klasse geschickt zu werden; die anderen drei Schüler werden zusammen befragt.

Simulationsspiele

Simulationsspiele stellen – wie das Wort schon besagt – den Versuch dar, die Lernenden in eine Lage zu versetzen, die so weit wie möglich den Realsituationen ähnelt, denen sie im fremdsprachlichen Alltag ausgesetzt sein werden. Wer eine simulierte Situation herbeiführen will, muß sich darum bemühen, ausführliche Informationen zu allen wichtigen Aspekten des „Ernstfalls" bereitzustellen, damit die Beteiligten den Eindruck gewinnen können, es ginge um eine „wirkliche" Sache. Auf der Grundlage dieser Informationen müssen sie dann Entscheidungen treffen, zu einer Übereinkunft kommen oder ein Problem lösen – kurz: so tun, als seien sie durch die simulierte Situation echt betroffen. Die *Inner London Education Authority* hat z.B. ein Simulationsspiel unter dem Thema *Titelseite (Front Page)* entwickelt; hier wird den Teilnehmern aufgetragen, sich als Redaktionsmitglieder einer Lokalzeitung zu betrachten. Ihre Aufgabe besteht darin, innerhalb einer bestimmten Zeit zu entscheiden, welche Nachrichten auf der Titelseite der Zeitung erscheinen sollen.

Simulationsspiele können zwar auch einfache Rollenspiele sein; in der Regel aber hat die Lösung eines situationsbedingten Problems Vorrang vor der Übernahme von personenbezogenen Aufgaben. Am häufigsten und erfolgreichsten werden Simulationsspiele im Bereich von Industrie und Wirtschaft, beim Management-Training und (in der Schule) in den Fächern Gesellschaftslehre und Sozialkunde praktiziert. In all diesen Fällen sprechen die Beteiligten natürlich in ihrer Muttersprache, aber immer wieder wird gefordert, von den dort gesammelten Erfahrungen auch beim Lehren und Lernen fremder Sprachen Gebrauch zu machen. Viele Simulationsspiele, für die der Gebrauch der Muttersprache vorgesehen ist, eigenen sich nämlich ebenso gut für den Fremdsprachenunterricht.

Dieses Thema kann hier allerdings – ebenso wie die Verwendung literarischer Texte – nicht ausführlich erörtert werden. Es soll lediglich ein Beispiel angeführt werden. Im übrigen werden in den anschließenden Literaturhinweisen Simulationsbeispiele empfohlen, die relativ leicht für fremdsprachliche Ausbildungszwecke umgearbeitet werden können.

Die Durchführung von Simulationsspielen erfordert in der Regel viel Zeit. Sie können am besten mit kleinen Gruppen stark motivierter erwachsener Lerner erarbeitet werden.

Alles oder nichts

Es werden vier Gruppen gebildet. Sie befinden sich an vier verschiedenen Stellen des Raumes. Der Lehrer sitzt am „Kontrollpult". Zunächst machen sich die Gruppen mit den Spielregeln vertraut. Dann entscheiden sie sich entweder für X oder für Y. Sie schreiben den entsprechenden Buchstaben auf einen Zettel und geben ihn dem Kontrolleur, der ihnen ebenfalls auf einem Zettel mitteilt, welchen Gewinn sie gemacht haben bzw. welchen Verlust sie in Kauf nehmen müssen. Aus diesen Informationen kann eine Gruppe entnehmen, für welche Buchstaben sich die anderen Gruppen entschieden haben. Nach zwei Spielrunden wird eine Pause eingelegt, in der diskutiert und verhandelt werden kann. In der dritten und vierten Runde verdoppeln sich die Gewinne und die Verluste. Nach der vierten Runde tritt wiederum eine Pause ein, die zu Besprechungen mit anderen Gruppen genutzt werden kann. In der fünften und sechsten Runde verdreifachen sich die Ergebnisse. Noch einmal besteht Gelegenheit, vor der letzten Runde untereinander Kontakt aufzunehmen. In der letzten Runde verzehnfachen sich die Gewinne bzw. die Verluste.

Die Spielregeln

Es ist dein/Ihr Ziel, so viel Geld wie möglich zu gewinnen. Du kannst/Sie können X oder Y wählen.

Die Gewinnchancen verteilen sich wie folgt:

Buchstabenwahl	*Gewinne/Verluste*
1. Wenn alle Gruppen X wählen	verlieren alle 50 DM/ 10/...
2. Wenn drei Gruppen X wählen	gewinnt X 50 DM/ 10/...
Wenn eine Gruppe Y wählt	verliert Y 100 DM/ 20/...
3. Wenn zwei Gruppen X wählen	gewinnt X 75 DM/ 15/...
Wenn zwei Gruppen Y wählen	gewinnt Y 75 DM/ 15/...
4. Wenn eine Gruppe X wählt	gewinnt X 150 DM/ 30/...
Wenn drei Gruppen Y wählen	verliert Y 50 DM/ 10/...
5. Wenn alle Gruppen Y wählen	gewinnen alle 50 DM/ 10/...

Jede Gruppe führt über ihre Ergebnisse Buch:

	X	Y	Gewinn	Verlust
	1.			
	2.			
	Diskussion			
x 2	3.			
	4.			
	Diskussion			
x 3	5.			
	6.			
	Diskussion			
x 10	7.			
			Gesamtergebnis:	

Bei diesem Spiel können und sollen die Gruppen viel miteinander diskutieren. Sie müssen versuchen, so viel wie möglich über die Buchstabenwahl der anderen zu erfahren, und es muß ihnen daran liegen, andere Gruppen von einer bestimmten Wahl zu überzeugen. Dabei sollte man sie daran erinnern, daß es nicht darum geht, ein *Spiel* zu gewinnen, sondern einen möglichst hohen *Gewinn* zu erzielen.

Literatur zu Simulationsspielen

Barker, C.: *Theatre games.* London: Methuen 1977.
Chester, M.; Fox, R.: *Rôle playing methods in the classroom.* Henley-on-Thames: Science Research Associates 1966.
Gibbs, G.I.: *Handbook of games and simulation exercises.* London: Spon 1974.
Jones, K.: *Nine graded simulations.* London: Media Resources Centre, Inner London Educational Authority 1974-5.
Kaplan-Gordon, A.: *Games for growth.* Henley-on-Thames: Science Research Associates 1971.
Shaw, W.H.: *Think it out.* Sunbury-on-Thames: Nelson 1972.

Zur Verwendung literarischer Texte

Oft sind literarische Texte gute Vorlagen für Improvisationen und szenische Spiele. Kurze Gedichte mit einer klaren bildhaften Aussage können als Grundlage und Ausgangspunkt für die Entwicklung einer Handlung herangezogen werden. Längere Gedichte bieten zuweilen sogar konkrete Anhaltspunkte für die inhaltliche Ausgestaltung einer szenischen Handlung, und nicht selten kann man einzelne Zeilen oder Verse direkt übernehmen. Auch Volkslieder und Balladen erzählen Geschichten, die ohne größere Schwierigkeiten dramatisiert werden können. Anstöße für Spielszenen können auch von Kurzgeschichten und von Auszügen aus längeren Prosatexten ausgehen.

Auf die Verwendung literarischer Texte kann hier nicht im einzelnen eingegangen werden. Die folgenden Literaturhinweise bieten jedoch Anregungen, sich mit diesem vernachlässigten, dennoch aber wichtigen Bereich neuer Formen des unterrichtlichen Vorgehens näher zu befassen.

Aldridge, J.: *Come down and startle.* London: Oxford University Press 1972.

Benton, M.; Benton, P.: *Poetry workshop.* Sevenoaks: English Universities Press 1975.

Dahl, R.: *The sound machine.* Cambridge: University Press 1977. Ebenfalls enthalten in der Sammlung *Someone like you.* Harmondsworth: Penguin 1970.

Hacker, G. u.a.: *Conflict 1. Conflict 2.* Sunbury-on-Thames: Nelson 1969.

Heath, R.B.: *Impact assignments in English.* London: Longman 1975.

Martin, N.: *Half way.* London: Oxford University Press 1970.

Martin, N.: *Here, now and beyond.* London: Oxford University Press 1972.

Martin, N.: *Truth to tell.* London: Oxford University Press 1972.

Maybury, B.: *Wordshapes.* London: Oxford University Press 1971.

Maybury, B.: *Thoughtscapes.* London: Oxford University Press 1972.

Serraillier, I.: *I'll tell you a tale.* Harmondsworth: Puffin 1976.

Summerfield, G.: *Creatures moving.* Harmondsworth: Penguin 1970.

Summerfield, G.: *Voices. Book 1, 2, 3.* Harmondsworth: Penguin 1970.

Summerfield, G.: *Junior voices. Book 1, 2, 3.* Harmondsworth: Penguin 1970.

Summerfield, G.: *I took my mind a walk.* Harmondsworth: Penguin 1971.

Thompson, B.: *Bull's eye.* London: Longman 1977.

Literatur

Bowskill, D.: *Acting and stagecraft made simple.* London: Allen 1973.

Byrne, D.; Wright, A.: *What do you think? Book 1, 2.* London: Longman 1974, 1975.

Gibbs, G.I.: *Handbook of games and simulation exercises.* London: Spon 1974.

Hodgson, J.: *Conflict in drama.* London: Methuen 1972.

Hodgson, J.: *Uses of drama.* London: Methuen 1977.

Hodgson, J.; Banham, M.: *Drama in education.* London: Pitman 1975.

Hodgson, J.; Richards, E.: *Improvisation.* London: Methuen 1972.

Jupp, T.: *Talk English.* London: Heinemann 1971.

Kaplan-Gordon, A.: *Games for growth.* Henley-on-Thames: Science Research Associates 1971.

Maley, A.; Duff, A.: *Sounds interesting.* Cambridge: University Press 1975.

Maley, A.; Duff, A.: *Variations on a theme.* Cambridge: University Press 1978.

Mortimer, C.: *Phrasal verbs in English conversation.* London: Longman 1972.

Ockenden, M.: *Situational dialogues.* London: Longman 1972.

Seely, J.: *In context: language and drama in the secondary school.* London: Oxford University Press 1976.

Slade, P.: *Child drama.* London: University of London Press 1954.

Spolin, V.: *Improvisation for the theatre.* London: Pitman 1973.

Way, B.: *Development through drama.* London: Longman 1967.

Auswahlbibliographie

Englisch

Atkinson, J.: „Bingomania", in: *Englisch* 1/1973, S. 31 f.

Barker, A.: „On stage", in: *English Teaching Forum* 3/1979, S. 35 ff.

Barnet, L.: „Fare play", in: *English Teaching Forum* 4/1979, S. 25 ff.

Barnett, L., K. Seley: „Drama in the classroom", in: *English Teaching Forum* 4/1979, S. 22 ff.

Bliemel, W.: „Spiele zur Entwicklung von sprachproduktiven Fertigkeiten", in: *Zielsprache Englisch* 2/1980, S. 22 f.

Bliemel, W.: „Wortschatzarbeit am Beispiel der Erstellung eines Kreuzworträtsels", in: *Praxis des neusprachlichen Unterrichts* 2/1981, S. 197 f.

Bloom, J., J. E. Blaich: *Lernspiele und Arbeitsmittel im Englischunterricht.* Berlin: Cornelsen-Velhagen & Klasing 1970.

Boettcher, K.-H.: „Flashlight und Lichtorgel: Englischunterricht als Show", in: *Englisch* 2/1978, S. 54 ff.

Boettcher, K.-H.: „Englischunterricht elektronisch", in: *Englisch* 2/1981, S. 64 ff.

Boggs Sloan, J.: „Who Said What?", in: *English Teaching Forum* 2/1976, S. 46 f.

Busacker, K.: „No cross words with crosswords", in: *Praxis des neusprachlichen Unterrichts* 4/1975, S. 416 ff.

Byrne, D.: „Jigsaw Puzzles in Language Teaching", in: *Modern English Teacher* 2/1977, S. 16 f.

Carrier, M.: *Take 5.* Games and Activities for the Language Learner. London: Harrap 1980.

Case, D.: „Crosswords by the students", in: *Modern English Teacher* 1/1976, S. 12.

Chamberlin, A., K. Stenberg: *Play and Practise!* Graded Games for English Language Teaching. London, Stuttgart: Murray, Klett 1976.

Clissold, B.: „I like Beethoven", in: *Modern English Teacher* 1/1976, S. 13.

DiPietro, R. J.: „Ciscourse and real-life roles in the ESL classroom", in: *TESOL Quarterly* 1/1981, S. 27 ff.

Dixey, J. N.: „Sketches and role-playing in your classroom", in: Zielsprache Englisch 3/1976, S. 9 ff.

Dorry, G. N.: *Games for Second Language Learning.* New York: McGraw-Hill 1966.

Fitzgerald, M.J.: „Asking questions with the help of pictures and slides: Some language games", in: *English Language Teaching Journal* 4/1980, S.277 ff.

Geppert, G.: „Ein Lernspiel für den Englischunterricht im fünften Schuljahr. Take a dice and start", in: *Pädagogische Welt* 4/1975, S.214 f.

Gressmann, L.: *Puzzles & Games.* Lernspiele für die Englischstunde. München: Oldenbourg 1979.

Hanefeld, R.: „The Authentic General Election Game", in: *Praxis des neusprachlichen Unterrichts* 3/1975, S.322.

Haycraft, J.: „English Teaching Theatre", in: *Zielsprache Englisch* 1/1976, S.31 f.

Herbert, D., G.Sturtridge: *Simulations.* London: British Council 1979.

Hill, L.A., R.D.S.Fielden: *English Language Teaching Games for Adult Students.* Book 1: Elementary. Book 2: Advanced. London: Evans 1974.

Horner, D.: „Playing with letters", in: *English Language Teaching Journal* 4/1980, S.290 ff.

Humphris, C.: „Creative Theatre", in: *Modern English Teacher* 1/1976, S.11.

Johnson, B.: „Crossword in class", in: *Modern English Teacher* 3/1973, S.13.

Klippel, F.: *Lernspiele im Englischunterricht.* Paderborn: Schöningh 1980.

Klippel, F.: „Spiel mit Ziel. Lernspiele im Englischunterricht", in: *Praxis des neusprachlichen Unterrichts* 2/1980, S.127 ff.

Klippel, F.: „Lernspiele für die Praxis", in: *Praxis des neusprachlichen Unterrichts* 1/1982, S.87, 2/1982, S.201 ff., 1/1983, S.14 f., 1/1984, S.12 ff., 2/1984, S.135 f.

Klöckner, B., G.Nikodem, J.Quetz: *Time for a Game.* Lern- und Rollenspiele für den englischen Anfangsunterricht mit Erwachsenen. Berlin: Cornelsen & Oxford University Press 1983.

Knight, M.: „Role-play", in: *Zielsprache Englisch* 2/1977, S.6 ff.

Lee, W.R.: „Language games for adults", in: *Zielsprache Englisch* 4/1974, S.1 ff.

Lee, W.R.: „Communicating in English: the Value of certain Language-Games", in: *Englisch* 4/1976, S.140 ff.

Lee, W.R.: *Language Teaching Games and Contests.* Oxford: Oxford University Press 1979.

Lee W.R.: „Lernspiele für die Praxis", in: *Praxis des neusprachlichen Unterrichts* 3/1980, S.299, 1/1981, S.85, 3/1982, S.307 f.

Löffler, R.: *Spiele im Englischunterricht.* Vom lehrergelenkten Lernspiel zum schülerorientierten Rollenspiel. München: Urban und Schwarzenberg 1979.

Löffler, R., W.-M.Kuntze: *Spiele im Englischunterricht 2.* München: Urban und Schwarzenberg 1980.

Long, M., F. Castanos: „Mime in the Language Classroom", in: *English Teaching Forum* 2/1976, S. 26 ff.

McCallum, G. P.: *101 Word Games.* Oxford: Oxford University Press 1980.

McGowan, H.: „That's how uncle Walter's false teeth ended up in the marmelade: Two writing games", in: *Englisch* 2/1978, S. 57 f.

Moorwood, H.: „Botticelli – an advanced game", in: *Zielsprache Englisch* 1/1976, S. 29 f.

Mundschau, H.: *Lernspiele für den neusprachlichen Unterricht.* München: Manz 1981.

Nation, P.: „What is it? A multipurpose language teaching technique", in: *English Teaching Forum* 3/1978, S. 20 ff.

Perkins, C.: „Spot the Difference", in: *Praxis des neusprachlichen Unterrichts* 4/1982, S. 417 f.

Rees, A. L. W.: „Games and Question-Practice", in: *English Language Teaching* 2/1975, S. 135 ff.

Reisener, H.: „Lernspiele für den Anfangsunterricht auf der Grundstufe", in: H. Sauer (Hg.): *Englisch auf der Primarstufe.* Paderborn: Schoeningh 1974, S. 202 ff.

Ridout, R.: „The use of word puzzles in teaching English", in: *Zielsprache Englisch* 1/1977, S. 15 ff.

Rixon, S.: *How to Use Games in Language Teaching.* London: Macmillan 1981.

Roth, R. W.: „A treasure hunt for the intermediates", in: *Praxis des neusprachlichen Unterrichts* 2/1978, S. 136 ff.

Salterod, J. P.: „Games in the adult classroom", in: *Modern English Teacher* 1/1976, S. 13.

Scarcella, R. C.: „Socio-drama for social interaction", in: *TESOL Quarterly* 1/1978, S. 41 ff.

Sensche, K.: „Spielszene und Hörspiel in der Orientierungsstufe der Realschule – ein Projektbericht", in: *Der fremdsprachliche Unterricht* 1/1979, S. 38 ff.

Via, R. A.: „English through Drama", in: *English Teaching Forum* 1–2/1975, S. 158 ff.

Via, R. A.: „Garage Sale", in: *English Teaching Forum* 1/1976, S. 16 ff.

Wright, A., D. Betteridge, M. Buckby: *Kommunikative Lernspiele für den Englischunterricht.* München: Hueber, 1982.

Französisch

Buckby, M., D. Grant: *Faites Vos Jeux: A Book of Games and Activities for the Early Years of French in Primary and Secondary Schools.* Leeds, York: Nuffield Foundation, York University 1971.

Caré, J. M., F. Debyser: *Jeu, langage et créativité.* Les jeux dans la classe de français. Paris: Hachette, Larousse 1978.

Debyser, F.: *L'immeuble. Roman – simulation en 66 exercises.* Paris: Bureau pour l'Enseignement de la Langue et de la Civilisation Françaises à l'Etranger (B.E.L.C.) 1980.

Gauvenet, H.: „Les jeux en classe de langue", in: *Le Français dans le Monde* 86/1972, S. 37 ff.

Heloury, M.: „Lernspiele für die Praxis", in: *Praxis des neusprachlichen Unterrichts* 3/1979, S. 306 ff., 2/1980, S. 201 f., 3/1980, S. 300, 4/1980, S. 415 f., 1/1981, S. 85 f., 2/1981, S. 196 f., 3/1981, S. 300 f., 4/1981, S. 420, 1/1982, S. 87, 3/1982, S. 308 ff., 4/1982, S. 418 f., 1/1983, S. 31 ff., 2/1984, S. 152 ff.

Klauke, R.: „Lernspiele zur französischen Landeskunde", in: *Praxis des neusprachlichen Unterrichts* 3/1983, S. 251 ff.

Krainz, C.: „Kreativität im Französischunterricht", in: *Zielsprache Französisch* 2/1981, S. 49 ff.

MacElroy, M. E., F. A. Samaniego: „Package them in puzzles: Vocabulary, culture, conjugations", in: *Foreign Language Annals* 3/1981, S. 217 ff.

Peter, K., W. Peter: „Was machen wir mit unseren Schülern in der letzten Französischstunde vor den Ferien?", in: *Praxis des neusprachlichen Unterrichts* 3/1982, S. 306 f.

Schmidt, B.: „Nasal-Terzett. Ein phonetisches Lernspiel für den Französischunterricht", in: *Der fremdsprachliche Unterricht* 1/1977, S. 57 ff.

Schneider, A.: „Variationen eines Kreuzworträtsels", in: *Zielsprache Französisch* 2/1981, S. 73 ff.

Siepe, H. T.: „Poetische Rezepte – Rezepte für Poetisches. Spielformen in jüngerer französischer Literatur als Anregung für den Unterricht", in: *Die Neueren Sprachen* 4/1981, S. 279 ff.

Stourdzé, C., P. Davoust, B. Hongre: „Sur un sketch comique . . .", in: *Le Français dans le Monde* 115/1975, S. 49 ff.

Weichert, I.: „Lernspiele – eine Form der Wiederholung", in: *Fremdsprachenunterricht* 12/1980, S. 596 ff.

Deutsch als Fremdsprache

Göbel, R.: „Kreativität im Fremdsprachenunterricht", in: *Deutsch lernen* 1/1977, S. 15 ff.

Göbel, R.: *Lernen mit Spielen.* Lernspiele für den Unterricht mit ausländischen Arbeitern. Frankfurt: Pädagogische Arbeitsstelle des Deutschen Volkshochschul-Verbandes 1979.

Hassel, I., R. Göbel: „Spiele und gruppenaktive Verfahren im Unterricht", in: *Deutsch lernen* 2/1976, S. 45 ff.

Lischka, R.: „Didaktische Spiele mit dem Bildwörterbuch ‚Komm bitte'", in: *Der deutsche Lehrer im Ausland* 2/1976, S. 67 ff.

Pindur, M.: „They Dance Their Way Through German", in: *American Foreign Language Teacher* 3/1972, S. 34 f.

Regelein, S.: „Lernspiele im Deutschunterricht für ausländische Kinder", in: *Ehrenwirth Grundschulmagazin* 6/1979, S. 9 ff.

Seufert, G. H.: „Sprachspiele in der Fremdsprache", in: *Die Unterrichtspraxis for the Teaching of German* 2/1969, S. 61 ff.

Wagner, J.: *Spielübungen und Übungsspiele im Fremdsprachenunterricht.* Materialien Deutsch als Fremdsprache, Heft 10. Regensburg: Arbeitskreis Deutsch als Fremdsprache beim Deutschen Akademischen Austauschdienst 1977.

Forum Sprache
ein Programm mit Didaktikbüchern

Praxisnahe Didaktikbücher sind eine grundlegende Voraussetzung für das erfolgreiche
Lehren und Lernen von Fremdsprachen. In einer
Zeit interdisziplinären Denkens und kaum mehr
überschaubarer Informationsfülle werden kurze
Überblickstexte und aktuelle Handbücher
gebraucht.

In unserer Programmecke **Didaktikbücher**
finden Sie praxisorientierte Theorien und Praxis-
hilfen für den Unterrichtsalltag.

Max Hueber Verlag
Max-Hueber-Straße 4
8045 Ismaning

hueber

Forum Sprache

1984 ist nicht nur das Orwell-Jahr, sondern auch das Start-Jahr eines neuen Fachbuch-Programmes bei Max Hueber: **Forum Sprache.** Dieses Programm für Fremdsprachen knüpft an die Tradition der Hueber-Hochschulreihe an, entwickelt daraus aber ein neues Konzept: Forum-Bücher sind aktuell und informativ.

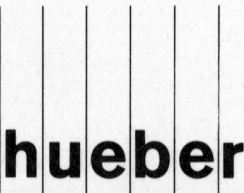